中国高等院校“十二五”
环境设计精品课程规划教材

余蓉　黄琳妍 / 编著

Design Psychology
设计心理学

中国青年出版社
CHINA YOUTH PRESS
中青雄狮

图书在版编目（CIP）数据

设计心理学 / 余蓉，黄琳妍编著. 一北京：中国青年出版社，2015.9
中国高等院校“十二五”环境设计精品课程规划教材
ISBN 978-7-5153-3792-0
I.①设… II.①余… ②黄… III.①环境设计－应用心理学－高等学校－教材
IV. ①TU-856
中国版本图书馆CIP数据核字（2015）第204614号

中国高等院校“十二五”环境设计精品课程规划教材：
设计心理学
余蓉　黄琳妍/编著

出版发行：中国青年出版社
地　　址：北京市东四十二条21号
邮政编码：100708
电　　话：（010）50856188 / 50856199
传　　真：（010）50856111
企　　划：北京中青雄狮数码传媒科技有限公司

策划编辑：马珊珊
责任编辑：张　军
助理编辑：孙艳冰
封面设计：DIT_design
封面制作：吴艳蜂

印　　刷：湖南天闻新华印务有限公司
开　　本：787×1092　1/16
印　　张：6.5
版　　次：2015年10月北京第1版
印　　次：2020年2月第3次印刷
书　　号：ISBN 978-7-5153-3792-0
定　　价：49.80元

本书如有印装质量等问题，请与本社联系
电话：（010）50856188 / 50856199
读者来信：reader@cypmedia.com
如有其他问题请访问我们的网站：www.cypmedia.com

序言

五千年华夏文明建造历史是环境设计教育的基石，对外敞开国门后，当下的中国才真正迎来了百花齐放的春天。欧洲新艺术运动开起了现代艺术设计大幕，在世界各地可以见到设计业的果实，环境设计发展到今天已经历了无数次自我更新，从早期西方现代主义设计理论为核心价值，引发环境问题到当下信息化社会之中，大量的实践在理论与实践方面设计心理学日趋成熟，加速了与现代文明的对接，保障了建设轨迹的现代化、科技化、数字化的设计理念。当前环境设计已不再只停留在空间造型上，每一次积淀都是完善样式与风格的有序升级。过去人们更多关注的是空间使用和有效性与安全性，虽然有巧借自然之妙笔，但是并不完全科学。今天设计已进入低碳科技时代，可持续性和舒适度是检验安全性的一项重要标准，对于设计师和使用者来说“环境心理”是评价设计作品好坏的重要指标，业界同仁在掌握相关法规的基础上，科学的设定功能空间分区，审美能力是鉴定设计师作品的核心价值，完美的环境设计作品从功能和表现上敞开了评价设计师的条件，是否达到使用者的满意度，才是验证设计师综合素质的试金石。

坚持从设计心理学角度分析与研究是设计师的本分。同仁欣赏眼前的优美设计作品时，首先想到的是表现者背后的过硬功夫，博大的胸怀是观察大山、大水、人文情怀的基础，敏锐的思维能够有助于积累设计素材，恰当的表现可用于低碳理念文化信息的现代设计表现意境之中，转换后再成为探索研究所需要的新轨迹。尝试其转换过程的归纳与甄别是鉴别设计师的天平，融入设计心理学将其审美精华添加到中国的设计教育与实践中，是科学有序向前发展的源泉，是华夏子孙延续设计文化的戏码。

时下在中国拥有一批头脑清醒的年轻学者，他们用智慧表现当今文化元素下的设计心理学，创新发展设计出优秀的环境作品，分享与之相同的高素质粉丝群。认真思考，不断探索，用实践继承优秀传统建造文化精髓，再融入设计实践。解放思想引进具有前瞻性的环境设计理念，是探索研究低碳之美必然。

站在大环境心理学视角中借鉴传统环境心理学，探讨在不同环境条件下人们对环境的认知、体验识别、评价内容等。书中的部分内容有打破常规拓宽的视野，从多视角度展开全面的综合分析，按照不同年龄段分别探讨研究、人群、性别、文化、等特征。探讨人与自然环境的多重关系，结合环境心理学和实际案例，揭示不同场所中的空间设计要点。书中有部分内容弥补了先前设计心理学研究的不足内容，同时强调学理化价值，对日后的设计心理学教材在撰写方面提供了可鉴的资料。本书不仅是环境设计专业学生必备的设计心理学教材，是专业设计者值得拥有的良材，特别是对于广大的设计爱好者，更是非常值得一阅的专业设计用书。以体验环境设计为核心的人性化设计，是未来空间设计的发展趋势，强调设计师必须掌握心理学知识，只有提倡完善设计师设计理论法规及审美修养，才能更加有效提升设计作品的品质。

王铁教授

中央美术学院建设计研究院院长

2015年7月10日北京

DESIGN PSYCHOLOGY

目录

C O N T E N T S

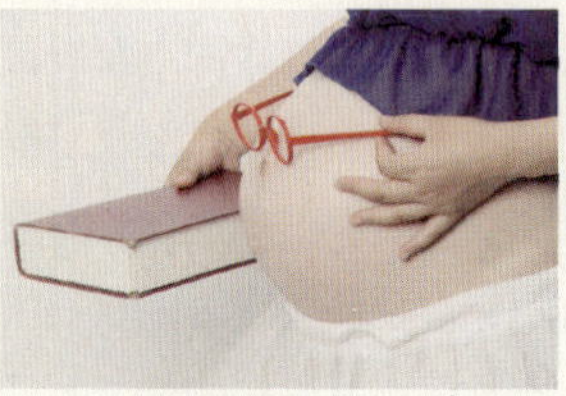

PART 1

环境设计心理学概述

PART 2
环境设计心理学原理

PART 3
针对不同人群心理特点的设计

DESIGN PSYCHOLOGY

目录

C O N T E N T S

PART 4
环境设计中的心理学应用

PART 1 环境设计心理学概述

环境设计心理学是一门建立在环境心理学基础上的学科，它属于环境心理学延伸到环境艺术设计领域的应用心理学范畴。它把人们的心理状态，尤其是人们对于环境需求的心理过程，通过有意识的创造作用于设计。环境设计心理学不仅研究环境参与者与环境设计者的行为心理，还研究行为背后所涉及的艺术审美及社会文化等问题。

1.1 环境设计与心理学

人类居住环境的设计必须满足潜在住户的需求。在生活实践中，人与环境及环境中的事物相互作用。由设计师与环境心理学家合作完成的设计方案，不仅要能够营造艺术气息，而且要能满足用户潜在的需求和喜好。

1.1.1 设计与心理学的关系

人类自诞生以来，就从未停止过造物活动。纵观历史，中国的造物活动经历了三个不同时期。在中国古代，无数能工巧匠根据常年积累的经验将造物技术与深刻的设计哲学心口相传，保留下好的设计，淘汰掉有瑕疵的设计。工业革命引领世界进入了崭新的机器文明时代，产品被机械生产并批量化，造物过程变得简单化，并可以不断复制。在科技飞速发展和知识经济成为主流的信息时代，设计产品的精确性与功能性逐渐加强，种类与样式也愈加繁杂。面对品种繁多的产品与设计，人们不断地了解、学习并适应新的产品、新的知识和日新月异的使用方法。但是不论是原始的经验传承，还是高度工业化或信息化的产品，人们在经历各种进化的同时，也在反思着造物的过程。比如传统手工艺精美，但不便于大规模生产且耗时很长；工业产品廉价，但外表冰冷、无法温暖人心。在信息爆炸的时代，信息一方面为人们的生活提供了丰富的内容，另一方面也给人们的生活带来了很多负担。人们往往在面对眼前美观豪华的门时却不知如何打开，进入设计得相当美观的网站却不会操作等。在经历了一次次设计缺陷所带来的惨痛教训之后，人们逐渐意识到单纯的造物活动并不是设计的终极目标，运用了先进的技术也不一定出现优秀的设计。这些都是设计者只关注了主观设计愿望，而忽略了客观使用者使用心理及习惯造成的。美国认知心理学家唐纳德·A.诺曼（Donald Arthur Norman）在20世纪80年代末出版的著作《设计心理学》中深入浅出地分析了人们使用物品的心智模式，阐明了以人为中心的设计原则，倡导设计的适用性，这种观点可以套用一句我们熟知的广告词——“科技来自人性”。图1.1至图1.3展示了三个时期的产品特征。图1.1是中国古代照明用品，虽然精美，但不便于使用。图1.2是工业革命时期的标志性建筑，外表冰冷、生硬。图1.3是现代流行的工业产品，其无论在视觉性还是科技化程度上都有明显提升，但作为用户，你是否真能从这样的设计中体会到产品的方便与有效呢？

◆ 1.1
古代室内装饰灯具——西汉长信宫灯

◆ 1.2
工业革命的标志——埃菲尔铁塔

◆ 1.3
现代iPhone设计

传统设计思维中，许多人认为设计与纯艺术的创作过程相似，大家往往只单纯地关注到设计的感性一面，但事实上设计与纯艺术领域的创作有很大的差别，设计必须在许多的限制条件下面进行。随着现代设计理念的发展，越来越多的专业人士认识到使用者心理对设计与市场的巨大影响，设计的复杂性与综合性日益呈现。随着设计的科学发展，设计师越来越不能主观地创新，而必须考虑设计过程中人的因素，分析消费者的心理状态、心理特征和喜好，从而使其设计理论更加完善化、系统化。

1.1.2 环境设计与心理学的关系

环境是人类赖以生存的重要物质背景。为了维护和改善自己的生存条件，人们不断通过解释环境来解释自我，解释人与环境的相互关系。现代环境设计除了艺术形态的问题以外，我们应该更多地关注人在环境中的心理感受及人的行为与环境的关系。

环境设计中的行为与心理

以现代生活里的一场演出为例，舞台和布景为故事的发生提供了重要背景。布景房子的格局、装饰风格、家具数量和特点等有助于观众了解剧情，同时它们为演员的行为提供了意义，也决定了演员的行动、姿势以及活动范围。在演出中，舞台和布景就是故事展开的环境。这个环境决定了舞台上演员行为的意义，决定了他们能做什么，不能做什么。没有环境给出的线索，演出会变得非常无聊，也没有意义。在图1.4的舞台场景中，人物、行为与布景互为关系，观众才能明白剧情诉说的内容。在现实生活中，我们的行为同样发生在环境的背景下，但这是个不断变化的、信息丰富的环境。和舞台的布置不同，现实环境不仅提供了一种意义，还提供了我们基本生活的必需品，包括食物、水和空气。环境也被我们的行为所改变，只要有人改变它，它就会发生改变。因此环境设计依赖于人的行为研究，我们更可以通过设计来改变人们的行为。

◆ 1.4
现代舞台剧

行为是由个人思想或动机决定的，行为的产生应首先受意识的影响，同时个人的行为又对个人心理产生一定影响，改变心理的意识。可以说心理与意识是相互影响、相互转化的。行为是心理的重要组成部分，在环境中，心理、行为、环境三者之间相互关联、互相影响并交互作用。

重视环境与人们心理、行为之间关系的设计可以追溯到古代。早在公元前，希腊的帕特农神殿就运用各种手法矫正视觉错觉。图1.5所示的帕特农神殿的柱子下粗上细的设计正是为了减弱人们对垂直线所产生的下小上大的视错觉。有关的理论研究可追溯到19世纪，1886年德国美术史学家沃尔芬（H.Wolffin）著有《建筑心理学绪论》一书，曾用“移情论”的美学观点讨论建筑物和工艺品的设计问题。其后，汉斯·迈耶（Hannes Meyer）还打算在包豪斯开设计心理学课程。

◆ 1.5
希腊帕特农神殿

20世纪五六十年代，西方国家的城市环境严重恶化，对居民的身心和行为产生了各种消极影响；同时，不少新建筑因无视使用者的行为需求，导致社区崩溃、建筑拆毁、居民抗议等严重后果，并遭到社会的严厉批评。建筑环境与行为的关系随即引起不同学科研究者的深切关注。“百川异源而归于海”，来自心理学、社会学、人类学、地理学、建筑学、城市规划等学科的研究终于汇集成多学科的新兴交叉领域——环境（建筑）心理学。

环境设计中的设计师与使用者心理

设计的过程，无论是从使用者角度，还是从设计师的角度，在考虑产品的最终形态与结果时，都牵涉到心理学问题。使用者和设计师都是具有主观意识和自主思维的个体，都以不同的心理过程影响和决定着设计。不同的设计师在创作中因受其自身知识背景的影响，在同样的限制条件下会产生不同的创意思维，从而使设计结果大相径庭。而产品形态、使用方式及文化内涵只有符合使用者的要求，才可获得使用者的认同和良好的市场效应。图1.6所示的是设计中涉及的设计师与用户的心理关系图。

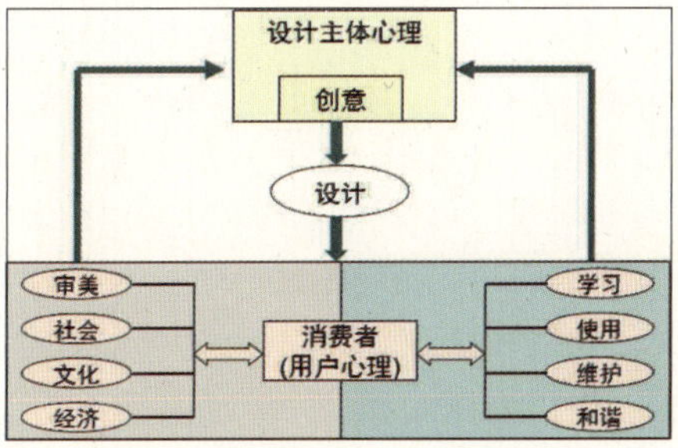

◆ 1.6
设计师与用户的心理关系图

设计师是设计活动的主要执行者，每个设计师都有其独特的知识结构、设计经验与审美取向，这些内容综合起来会对设计的最终形态产生作用，从而形成不同类型的设计。然而建筑环境设计和服务的对象是人，人对环境的心理感受需要通过对环境的认知分析，寻求最佳刺激点，再根据心理需求调整改善周围的环境。不同的人由于其不同的社会发展经历、个性特征和知识结构，对环境的认知也有所不同。以环境的空间属性为例，空间的利用与使用者的生活习惯与文化背景有关，不同的空间给人的心理感受不一样。如图1.7，宏伟的教堂内部和图1.8的住宅天井，由于尺度的不同，给人的心理感受也不一样。

◆ 1.7
哥特式教堂

◆ 1.8
住宅天井

再次，使用者的性格特点和审美心理偏好也会影响其感觉环境及对环境做出的审美评价。例如，在婚礼仪式现场，东方人会选择喜庆的红色，忌讳白与黑；而西方人则会选择白色，而视红色为血腥。日本建筑师丹下健三曾说过："在现代文明社会，所谓空间，就是人们交往的场所。因此，随着交往的发展，空间也在不断朝着更高级的有机化方向发展。"建筑环境设计心理的"场所观"强调人在场所中的感知、情绪和行为。环境场所具有物质基础，也含有精神因素，因此不同类型的设计要与使用者的不同个性特征与心理偏好相匹配。

1.1.3 结论

环境设计心理学是设计学与环境心理学交叉形成的一门边缘学科，它是指导设计实践的重要的基础性理论学科。环境心理学是人类认识、分析、研究自己与环境关系的一门学科；设计是设想、运筹、计划与预算，是人类为实现某种特定的目的而进行的创造性活动。科学的设计依据应该是有理可据，而不是灵感的凭空出现。人类环境的设计还必须满足潜在使用者的需要。当人们还处于统治大自然的时代时，这可能对部分人来说毫无吸引力——那时的人类关注的只是怎样解决教育、社会服务、法律和规章制度以及化学制品等领域的问题，但如今，越来越多的人意识到，改造环境是解决人类心理和社会问题的一条可行方案。

1.2 环境设计心理学基础理论

1.2.1 环境设计心理学的定义

环境设计心理学是研究环境设计领域中的设计主体（空间环境）和设计目标主体（用户或消费者）的心理现象，以及影响心理现象的各个相关因素的学科。环境设计心理学非常重视生活于人工环境中人们的心理过程和行为表现的特点。环境设计心理学把选择环境与创造环境的研究相结合，其主要目的是描述、预测、理解、影响用户在环境中的行为，基础是理解人的基本心理属性，研究原则是深刻解读环境设计艺术、设计对象和设计行为。环境设计心理学运用心理学的方法分析人类经验、活动与环境各方面的相互作用和相互影响，揭示各种环境条件下人的心理变化的规律，并以此为环境设计的实践工作提供积极的指导。图1.9为两个不同设计的室内环境，左图考虑使用者心理后的设计比右图没有考虑的设计更为人性化，空间使用更为方便。

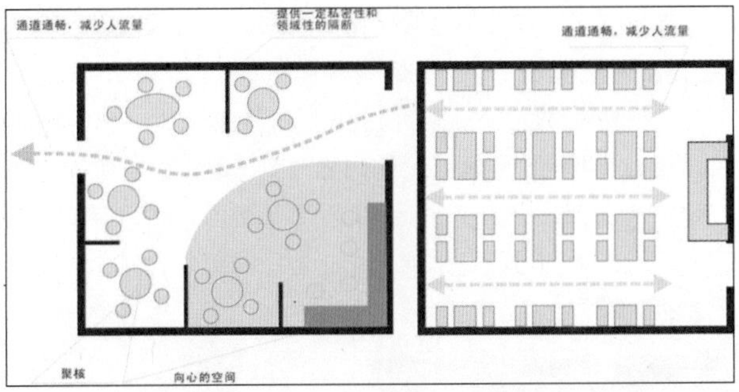

◆ 1.9 考虑过环境心理的室内设计与没有考虑过环境心理的室内设计

1.2.2 环境设计心理学的基础理论

环境设计心理学作为环境心理学延伸出的学科，经国内外学者多年的探索和研究，其理论基础、研究内容和研究方法日趋成熟，这对于人类与环境的和谐相处势必会起到积极的作用。目前环境设计心理学的基础理论主要建立在两个理论研究的基础之上：一是以环境与行为研究为主的环境心理学理论；二是以研究艺术产品设计与消费者关系为主的设计心理学理论。接下来，我们就着重介绍几种与环境设计心理学相关的理论观点。

格式塔理论

格式塔心理学诞生于1912年的德国，在德语中，格式塔指图形或形式，英译为“configuration”或音译为“gestalt”，中文译为“完形”或音译为“格式塔”。

格式塔作为心理学术语包含以下两种含义：一指事物的一般属性，即形式；二指事物的个别属性，即分离的整体，形式仅为其属性之一。从辩证的角度来讲，就是事物整体与部分的关系问题，也就是说，一个整体可能由多个部分组成，部分与部分之间结合构成整体，而这里面的每一部分之所以会发挥其特性，是因为它们并不是单独存在的，而是存在于整体当中。格式塔心理学不是从独立的角度去观察事物，而是从整体上去研究视知觉问题。

格式塔组织原则从理论上阐明了知觉整体性与形式的关系，为“统一中求变化，变化中求统一”这一传统美学观点提供了科学依据，从图1.10中我们能看到整体的造型。在小区环境设计中，较好地运用格式塔的组织原则，可以增加景观的丰富性和可观察性，方便居民从形式美的角度增加对景观的认识和理解。

◆ 1.10 格式塔心理学的经典案例

环境知觉理论

人与环境的关系很复杂，研究者们已尝试从多个角度来解释这一关系，以便更好地理解个体是如何感知环境的。

埃贡·布伦斯维克（Egon Brunswik）是一名机能主义者，他的理论认为环境蕴含了丰富的线索，人们要想有效率地活动，就必须理解最重要线索的意义。他的概率透镜模型从整体来考虑人与环境的关系并且能对环境美丽或有用的主观解释进行分析。

布伦斯维克认为知觉的过程与透镜的原理类似，它能感知并聚焦刺激。然而，在透镜模型中，环境线索仅仅由于某个确定的可能性变得有用（这被称为概率论）。概率透镜模型采用先前已确定的客观标准来判断某物的真实美观程度，然后用不同的主观标准来判断个人知觉的准确度。

布伦斯维克的理论能够区分远端线索和近端线索，前者是指情境的客观特点，后者是指观察者的主观印象。该理论依赖于生态学效度，即环境与其线索的关系，环境的线索可以让人对环境有准确的觉知。由于人类对环境的理解受到自身对环境成分的知觉和熟悉度的影响，布伦斯维克提出，当人类遇到不太熟悉的环境时，问题就出现了。在这样的环境中，人们可能会得出不正确的结论，例如对于尺寸大小、高矮、颜色或角度等方面的错误认知。

透镜模型还提出，观察者通过人格来进行判断也得基于不同的环境线索。判断的准确性依赖于线索效度（即线索是否提供了优质信息），以及线索可利用性（即观察者如何权重该线索）。让我们来看一个例子，你会如何描述一个喜欢粉色基调的房间，喜欢在咖啡桌上放鲜花且喷香水的人呢？对于大多数人来说，粉色表明这样的环境充满了强烈的女性气息。但是，根据线索效度和线索可利用性，这样的结论可能就是错的。

唤醒理论

环境刺激对人产生的直接效果是提高唤醒水平，无论是令人愉快的环境刺激还是令人不愉快的环境刺激，对提高唤醒水平的作用是相同的。认知理论认为，一定的唤醒水平和情绪的形式共同决定了情绪的状态，微弱平静而持久的情绪状态就是我们平常所说的心境。在公园中，周围环境的情感性质是使用者与环境关系中最重要的部分，因为它是决定人的心境与记忆的主要因素，它不仅影响人当时的情绪，甚至可能影响人的心境和身体的健康状况。因此，公园的规划设计不能只从简单的使用功能考虑，还要对人的情绪和健康负责。

对于公园的使用者而言，情绪的形式可笼统地概括为快乐与不快乐，这常常是主客观因素相互作用的结果。从需求层次来看，人有各种各样的欲望，无论是快乐还是不快乐的情绪，都会随着唤醒水平的提高而加强。人们本能地趋利避害，希望自己的心情能够永远快乐，至少要尽量减少不快乐的感觉。所以，情绪也决定了个人对环境的偏好和选择，而不同情绪状态下的人所能适应的环境气氛也是不同的。例如，我们在进行公园的空间布局设计时，除了要设计艳丽热闹的高唤醒水平景观，还需有安静优雅的低唤醒水平空间，以满足不同情绪状态下的使用者。此外。从人的生理需求和健康状况而言，人们不能总处于高唤醒状态，还需要睡眠、休息和工作。

行为情境理论

一些行为只在某种环境下被认为是适合的（例如，在酒吧穿着和表现得很出挑是可以的，但是在礼拜堂却不被接受）。洛基·贝克（Loki Baker）在1968年提出了行为情境理论。该理论认为，行为必须在特定的背景下才能被研究。这些行为情境是整个社会系统中的一个小范围，人们和客观物体以一种在特定的时间、地点产生出程序动作的形式而呈现出来，诸如学校、戏院、酒吧、礼拜堂等公共场合，以及能够塑造行为的情境，例如，毕业典礼、婚礼和葬礼。

通过操作性条件反射（利用结果去更改行为的发生和形式），人类在幼年时期就学到在不同的场合应该怎样表现出恰当的行为。因此，我们可以说特定的环境产生特定的行为。行为情境理论的一个重要视角是和谐，即一个环境应该遵循将自然与社会元素组合在一起的原则。但是，行为情境并不是永恒的，而是随着社会支持与限制的变化而变化的。例如，在苏联时期，许多古老的教堂被改造为澡堂、体育馆、库房等。由于澡堂与体育馆的功能和教堂的功能相冲突，因此该建筑就缺乏“和谐”。

刺激理论

地球上的每个生物都会对外界刺激产生反应。刺激理论是为了定义和解释作为感觉信息源的环境，这些感觉信息从视觉、听觉、触觉、味觉和嗅觉中提取而来。通过考察来自于一个环境的不同感觉，使得我们能够评价该环境中的刺激水平。

人类的每个感觉都可以被高估或低估。我们需要了解的一个重要概念，就是阈限。阈限是个心理学名词，是指外界引起个体感觉的最小刺激量。在阈限范围的两个极端，我们都可以有效地感知到。但当我们接受某个水平的刺激时，只有刺激发生了改变我们才会感觉得出来。我们的知觉水平也会觉察出能够被我们感觉到的刺激大小。

韦伯费希纳定律表明，当我们已适应某个水平的刺激时，我们需要一个更大强度的刺激改变才能觉察到变化。图1.11中狗在韦伯经典条件反射实验中被刺激训练后摇铃就流口水。设计师们可以在想要人们注意到很重要的某种事物时用上这一概念。

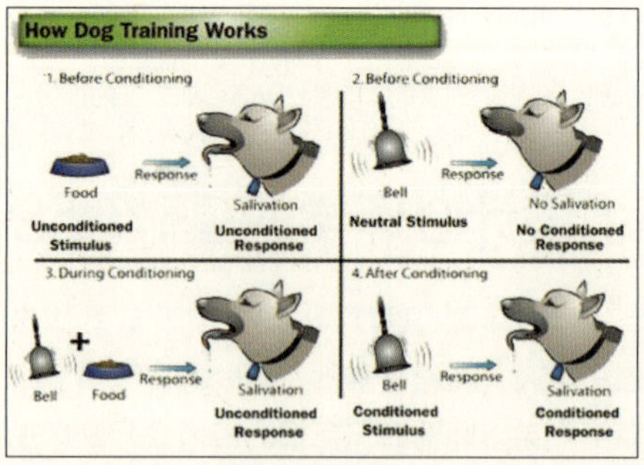

◆ 1.11
韦伯条件反射实验示意图

为了实现这一目标，在卷入某种体验时， 我们可以降低与其他场景有关的刺激水平。这样，我们的注意力就会放在更加刺激和有吸引力的场景。例如，如果设计师想要吸引人们对博物馆某个展品的注意，那么除了那件重要展品之外的其他所有展品可以采用中性颜色的背景，而那件展品则可采用高饱和度的背景。根据韦伯费希纳定律，背景颜色的不同会产生不同的视觉效果。

社会学习理论

社会或观察学习理论是不同于人与环境理论的，因为前者认为人类应该首先通过观察他人学习，然后最终通过减少那些行为来学习。社会学习理论强调以下三个要点。

1. 人的内在动机是寻求强化，例如积极的刺激和避免消极刺激。

2. 人格反映了个体与环境的相互作用（例如，个体意识到并做出反应的刺激），而且是一个相对稳定的结构，用某个特定的方式对情境做出反应。

3. 为了理解行为，我们必须首先考虑到个体的生活史、学习经历以及环境，因为我们对环境的主观解释决定了我们的行为。

阿尔伯特·班杜拉（Albert Bandura）是社会学习理论的另一名支持者。他认为，人格是环境、行为和个人心理活动的交互产物，且环境与个人的行为相互影响。然而，班杜拉的理论也强调观察学习或者榜样是获得强化的主要方式。这是由于人类一般通过观察、处理和模拟他人的行为、态度和情绪反应来获得接受、赞许或奖励。榜样行为是所有行为情境的内在（自然或心理环境淘汰或保留了某些行为模式，它们基于环境设计，并以操作性条件反射的结果被了解。操作性条件反射就是教授和增强可接受/期待行为的社会处理过程）。榜样行为是儿童发展的基础，被广泛用于培训项目中，对商业广告包括营销展示的成功也至关重要（通过宣传一种理念，例如，“如果我买了那辆车，那我也就出名了”）。当社会接受了偏差行为，比如，接受涂鸦为一门艺术，我们就在传递一种混合的信息，即榜样的偏差行为也是可以接受的。

整合理论

罗伯特·吉尔夫特（Robert Gifford）用整合理论来描述一组用于理解人与环境关系复杂性的模型。埃斯顿·切恩（Ashton Cheyne）的整体框架描述了互相配合以形成特定行为的5种主要元素，如下：

1. 整体环境指环境的大体特征。

2. 激活源即引发特定行为的刺激。

3. 目标对象与场域产生满意或不满的情境。

4. 支持与限制环境中便利或约束的方面。

5. 指引线索告诉我们何去何从以及怎么做的一些特征，帮助我们理解某人在相关背景中的环境会大大增进对他/她行为的了解。

整合理论还包括交互作用理论、相互影响理论和有机理论。最简单的整合理论是交互作用理论，即认为人与环境是两个不断交互的独立体。这是基于宿命论的观点，换句话说，这是基于环境对某个事件有绝对因果关系的哲学概念。许多人赞成分离主义，即假定一个独立体必须统治另一个独立体，例如位于郊区的城市公立空地。闲置的空地等于该市流失的收入，一个占用空地的项目即可解决该问题。但是，这一空地可能对于社区的孩子们来说是很重要的玩耍之地，实施占用空地的项目就会让孩子们被迫去别的地方玩耍，可能是街头或者厂房前面。关键一点在于，空地很有可能远比“流失收入”的意义大；它很有意义而且如果被留下来可以满足未来社区的一些需求。关于相互影响理论，涉及的是集中于关系模式层面的问题，认为人与环境的关系是相互支持的。在前面的例子中，相互影响理论会把城市空地的好处当做通过为孩子提供玩耍之地来支持社区的一种途径，其观点就是环境与用户相互作用。

有机理论通过考察在一个复杂的共生关系中社会、个体与环境交织在一起的特点，从更高的层面来理解人与环境的关系。有机理论强调多个因素（例如，个体在某日的经历、当前的健康状况、思想观念和周围人的情绪或性格），这些因素与环境结合以诱导某个特定行为的产生。同样是之前的例子，虽然空地可能会让孩子们远离麻烦而造成了城市在税收方面的损失，但是它可以为社区集会提供场所，从而增进社区的凝聚力。关键一点在于，空地有许多好的和不好的特质，这些特质会依赖于不同的因素（比如，社区构成、空地的确切位置、年份）而呈现出不同的效果。最重要的是明白设计可以影响环境行为。举个例子：一个人回收垃圾的行为可以受到垃圾桶的影响，使其回收变得方便；但是，垃圾桶并不能够激起回收的动机。如图1.12所示，空间环境中无论你对儿童的活动空间是否给予特殊限定，他们的活动都会随时随地以各种方式在环境中发生。

◆ 1.12 环境中自发的儿童活动空间、半组织的活动空间与专门设计的活动空间

控制理论

在我们自身所处的世界和环境中体验到一种控制感，这对我们的生存非常关键。一些控制形式包括类似于监狱中的一人控制他人，另一种控制形式是控制他/她的环境。例如，人们对自己的屋子进行室内装修；又例如，管理者禁止员工去调节办公室的温度，或一名医院员工决定谁可以进入病房，来访者可以逗留和探访病人多长时间。因此，在这些例子中，员工或病人（来访者）可能会感到权力被剥夺，

因为他/她几乎不能对社会或环境进行控制。詹姆斯·埃文（James Evan）认为人类对环境的控制分三种类型：

1. 行为控制，即改变环境的能力。
2. 认知控制，即改变考虑环境方式的能力。
3. 决策控制，即选择一个反应的能力。

控制还分为首要控制和次要控制，前者在一个既定情境中比较明显，后者则更加适应现实的情境。首要控制的例子是，如果一个人对办公室的温度不太满意，就会去调节温度。如果没有这样的选择，那么他/她可以选择次要控制，即要么穿多点要么穿少点。然而，公司的穿衣规矩可能不会让次要控制出现（例如，有的公司规定员工在办公室内不准穿短袖衬衣或者禁止暴露小腿或脚趾的衣着），设计师的解决方案就是为住户提供尽可能多的首要控制。

注意恢复理论

注意恢复理论由卡普兰夫妇提出，它建立在与随意注意和非随意注意有关的概念之上。该理论认为，需要付出心理努力的情境会让我们产生直接注意（主动、有目标的注意），而且时间越长需要付出的努力越多。正如过度工作的肌肉，直接注意会崩溃，进而产生了注意缺陷，或者无法集中注意力（我们需要更多的时间和精力去理解、获取和回忆信息）。恢复需要休息，但是过度的注意疲劳可能无法通过睡眠来恢复。

周期性的片段注意叫做不用费力的注意，它是一种基于兴趣的非随意注意。例如，在林中或海边散步对于恢复注意资源是极为有效的手段。“不用费力”这个词非常关键，在拥挤的沙滩就不行，那样个体必须避免沙里的危险，而且冲浪也需要直接注意。当人类需要进行身体、心理和精力的恢复时，会被大自然吸引，环境中的自然元素对减少焦虑水平有深远的效果，进而有助于恢复注意资源。注意恢复理论认为，恢复性经历发生在人类能够主要以非随意模式工作的情境中。

刺激理论的三个方面：唤醒、环境负荷以及适应是在动态地进行交互。想象一个人一生都在强刺激的环境中度过，他不仅适应了强刺激，而且可能认为这样的环境是极具唤醒性和愉悦的。因此，需要大量的刺激才会让他负荷过度，而且他也很容易在刺激不足的情境下产生焦虑。理解刺激是如何影响个体的对于设计师来说很重要。在工作中遭受过度刺激的人往往希望家里有较少的刺激。

依靠刺激成长的人们可能会想要强刺激的家，以此作为整个强刺激人生的附属物。刺激的很多方面都能影响设计过程。设计师只有理解基本的心理过程和其行为结果，才能让环境变得更好，如图1.13与1.14是两种室内环境对人的心理影响。

◆ 1.13
温馨的环境能减少刺激

◆ 1.14
复杂的室内摆设会增强刺激

吉布森的可供性理论

詹姆斯·吉布森（James Gibson）的可供性理论，采用生态学的方法来进行觉知。该理论认为，人类基于线索（这些线索能够马上提供知觉信息）的排列来将环境中单个物体的特点组织起来变成可识别的模式，而不是只知觉单个物体的特点。他还提出，人类以各种方法来积极探索其环境并知觉客观存在。因此，每个人对不同的客观存在都会有不同的感知。事物的功能特性被称作可供性。吉布森的理论认为，世界由物质、表面和结构组成，不同的排列组合提供了环境特点的认知可供性或立即可被感知到的功能。

与布伦斯维克的理论相比，吉布森相信人类不是知觉单个特点或线索，而是对整个生态的结构环境进行反应。人类通过考察环境中对自己有意义或有用处的组成部分来实现上述反应。例如，花园可能为人们提供了放松的地方，同时可以是鲜花的来源地以及工作的地方；它也可以是很多昆虫的聚居地和食物的来源地。许多建筑师和设计师努力创造不仅限于遮风挡雨的环境，他们尝试开发出能够满足个性需要的环境，并且考虑了可持续性、保护自然资源以及文化特点（社会支持和社区联系）。尽管许多设计元素的可供性很明显，但是有一些环境的成分过于相似，这就需要人们通过认知处理来搞清楚其所见之物的意义。

各种理论、模型和视角

理论、模型和视角为接近或评估设计过程提供了各种方法。环境设计总是需要使用各种理论、模型或视角。例如，如果想要设计一座医院，我们先要了解外部环境对医院（格式塔理论）、对医生和病人（环境知觉理论、唤醒理论）的影响，还需要明白既定的社会准则（社会学习理论），例如预期隐私水平。我们也要弄明白医院中不同的区域（整体理论）和设计元素（控制理论）的交互关系。表1.1就列出了不同的理论、模型和视角。再复习一下它们，想象一下在设计购物广场、养老院、学校和医院时，各个理论中可以用到的不同和相同的方法。

表1.1　环境心理学的理论、模型和视角

理论	主要前提	关键概念	与设计相关
快乐-唤醒-优势假说	三个主要的情绪反应变成了积极的感觉、兴奋或挑战，以及对情境的控制；后期的修正假说使用了环状模式理论，快乐和唤醒是两个主轴	快乐、唤醒	提供了一个评估环境的方法
社会学习理论	人类最早通过观察他人学习，再重复他们的行为	交叉决定论、建模	鼓励去理解既定的社会准则
整合理论	环境中的元素协调工作最后形成特定的行为	整体环境、激活源、支持与限制、指引线索、目标对象与场域	为设计提供一种整体的观念
控制理论	强调行为限制以及个体所知觉到对其行为和表现的控制感	心理反应	建议设计元素让人产生控制感
行为情境理论	公共场所或情境激发特定的行为模式	操作性条件反射、交互作用理论	强调设计是情境中的重要部分，它会导致某些行为
刺激理论	环境是引起唤醒的感觉信息（刺激）的来源	阈值、唤醒、环境负荷、过载、适应水平	认为设计风格可以导致过度刺激或刺激的不足
注意恢复理论	心理疲劳由过度的直接注意引起，注意能力可以通过不用费力的注意而恢复	直接（随意）注意、注意缺陷、不用费力（不随意）的注意、恢复性经历	在环境中，观察绿地而唤起的不用费力的注意也需要很多直接注意
概率透镜模型	环境的刺激可以通过我们的知觉而聚焦在某处	远端和近端的线索形成了线索效度和线索可利用性	强调设计和观察者之间的认知关系
可供性理论	世界由物质、表面和结构组成，不同的排列组合提供了环境特点的认知可供性或者可被知觉到的功能	环境布局、背景线索、直接知觉	强调设计风格和设计可能的两用性对于知觉的影响

（续表）

表1.1　环境心理学的理论、模型和视角

理论	主要前提	关键概念	与设计相关
对照特性	人类对美的唤醒依赖各种刺激类型的特性（这些特性可以促使比较或探索性的反应，反过来造成与当前或先前刺激的认知冲突）	新奇性、费解性、复杂性、惊喜、快乐基调、不确定性唤醒	认为环境因素的共同特性合并起来会形成一个总体的印象
偏好模型	人们偏好有趣的而不是无聊的情境	一致性、易辨认、复杂性、神秘	提供了设计有趣和复杂环境的方法
易辨认元素	增强普通人对环境辨识度所需要的5个主要特质或元素	路径、边界、区域、节点和地标	提供了增强环境辨识度的方法

1.2.3 环境设计心理学的特点

环境设计心理学与心理学的其他领域相比，最主要的区别有两个：一是研究时的观察方法不同；二是研究的问题和情境的种类不同。观察方法的不同，是因为环境对行为有重要的影响，研究大多是在人和自然环境中进行，也就是说，大部分是非实验室研究。研究的问题主要是，我们如何适应或者不适应自然或扭曲了的环境设置。我们将描述这个观察的方法，并列出它的历史渊源。环境设计心理学的所有特点我们无法全部列出，下面我们略谈几点。

第一个也是最重要的特点是：强调把环境-行为关系作为一个整体去研究，而不是把它们分成假定可以被清晰区分的独立部分。传统的研究感知觉的方法是假定环境刺激是可以被明确区分的，对刺激的知觉（或反应）在某种程度上可以和刺激本身区分开来而独立研究。环境心理学把刺激和对刺激的知觉看做一个整体，而不只是一种刺激或知觉。以城市居民和城市风景之间的刺激-知觉反应的关系为例，这个关系不仅仅取决于风景中个别的刺激，而且取决于整个构型、复杂性、新奇性、风景中运动的成分以及知觉者的过去经验（比如，他/她是长期居民还是新来者，他/她对风景中结构的理解能力、对风景的听觉和嗅觉的联想、他/她的人格特点）。在环境心理学中，所有这些构成了环境-知觉行为的整体。

◆ 1.15 古典颐和园环境与现代万达广场商业环境

心理学界的格式塔心理学主张整体大于部分的简单累加，这也就是定义中“整体”一词的意义，它可以帮助我们划分环境心理学与心理学其他领域之间的界限。图1.15中的中国古典园林设计与现代以“体验式”设计为代表的万达商业广场设计都强调了环境整体氛围的美丽。

在环境设计心理学家眼中，一个购物中心的环境不仅仅是由人们参加的个体行为组成的，还要考虑到一个包含着高密度人口的自然环境。处于自然环境中的人们以一种可预知的行为方式与其他人及所处的自然环境相互作用，他们能够真实地体验到这些条件下的愉快或不愉快。因此，环境既能够使人的某些行为容易产生，也能使一些行为不容易产生或不可能产生。不仅如此，当环境中的人行动时，他们也改变了身边的环境。比如人们聚集在一起就影响了周围的交通，如果我们孤立地研究这个事件，我们得到的结论就必然有局限性。我们不能脱离人们的行为而独立地研究环境，也不能离开环境去孤立地研究行为，否则就会失去有价值的信息，这并不是说环境设计心理学家不能对一个特定的环境做近距离的研究，即实验室研究，而是说环境设计心理学家认为实验研究难以展现环境心理学的理论和内容。

第二个特点和假设是环境与行为之间是真实地相互作用的关系。环境包含并影响着行为，行为也改变了环境。让我们用能源和污染举例：在环境中有可能获得哪种能源，决定了会发生什么样的能源消费行为，而这种行为反过来也决定了会导致什么样的污染。油价提高会激发人的节约行为，并影响到生活方式的多个方面，人们可能因此而改用其他能源，从而引起新的污染，如此循环。能源的持续消耗会使能源储量受影响，这反过来又影响了消费方式。这样的一个例子也表明了环境和行为的关系需要作为一个整体来研究才能看到整个事件的画面。

第三个特点是环境设计心理学不像心理学的其他分支那样可以明确地区分基础研究和应用研究的界限。有些心理学分支将理论或基础研究作为理解行为的主要方法，这类研究的主要目的是通过发现心理过程和心理效应之间的关系来获取关于某些问题的知识，或者建构理论。相反，心理学其他分支的应用研究以问题为导向，是为了解决实际问题，它的价值不是为了构建理论而是为了实用。通过应用研究也能构建理论，不过那不是应用研究的首要关注点。

相反，环境设计心理学的每项研究一般都是理论和应用并重的，也就是说，几乎所有的环境心理学的研究都是以问题为中心，或意图解决生活中的一些实际问题，或解决有关因果关系和理论性的问题。例如，污染对行为的影响、转变破坏环境的行为、环境设计人性化等这样的研究领域，都是为了人们实际应用而进行的研究，而且环境心理学的许多理论和内容都是在这样的研究中得出的。

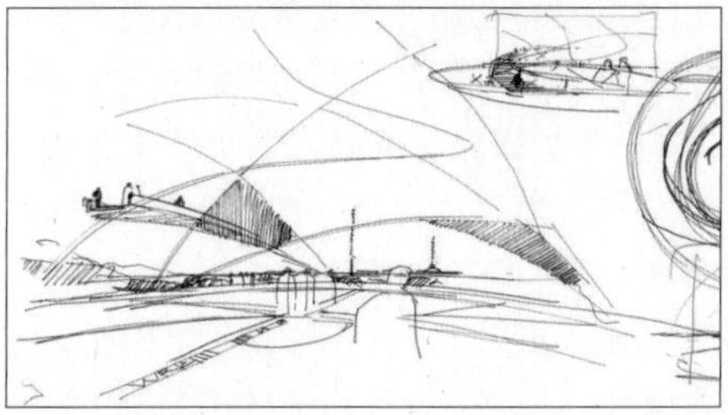

◆ 1.16
环境与行为心理的整体

如果说在环境设计心理学研究中把环境、情绪和行为看做是一个整体，如1.16所示，它的特点是关注环境中的行为，假定环境和行为是相互影响的，研究的兴趣指向环境问题，那么这些是如何在研究和理论中体现的呢?下面这个例子可以帮助我们了解这个问题。如果研究者对拥挤的居住条件的影响有兴趣，那他进行研究的方法是有限的。因为居住拥挤是一个慢性的问题，它持续的时间是以月和年为单位的。在实验室中想用人为实验对象来再现这种情况是不现实的，但使用动物则有助于研究的进行，然而对不同物种来说环境和行为的关系有所不同。而且更重要的是，发生在人类家庭这一领域中的居住拥挤和在其他环境中的拥挤也有所不同。因此，对住房拥挤的研究必须是在居住环境中进行，并且研究者要研究多种居住环境，如拥挤的监狱、拥挤的大学宿舍、拥挤的公共住房和拥挤的公寓。根据环境和行为互相影响的理念，研究者还要观察居住者做出哪些行为来减少居住拥挤的影响（比如把自己的空间加上个人的标志，改变中的家具摆放），这些行为对环境有什么影响。由于环境心理学问题有定向的特点，所以它还要提供一种减少拥挤及其压力的干预方法。在后面的章节中，我们将讨论对拥挤的研究，以及环境心理学的一个新的假说。

第四个特点是环境设计心理学对环境和行为的研究是跨民族、跨学科的。环境知觉强调对整个景观的总体知觉，它和景观建筑、郊区建设规划等许多领域有关系。关于物质环境（噪声、热和空间）对行为的影响的研究，对工业、律师业、建筑业，以及监狱、医院和学校都有益处。环境设计不仅和建筑师、设计师有关，也和人类学家、博物馆长、交通管理者、办公室管理者等人员有关。改变破坏环境的行为则和世界上那些认识到了环境污染、城市病泛滥和资源匮乏的人有关。对跨学科研究必要性的认识在许多新兴学科中尤为明确，如城市社会学、行为地理学、城市人类学、创造学和休闲学。在本书中，我们将讨论这些学科以及其他一些学科，用以描述环境心理学的现象。在读书的时候你也将发现环境设计心理学非常强调跨民族的研究。浏览一下每年的相关杂志，比如《环境心理学杂志》《环境与行为》等，就可以发现环境设计心理学的这种跨民族、跨学科性。

总体来说，环境设计心理学主要研究环境设计领域中的设计主体（空间环境）和设计目标主体（用户或消费者）的心理现象，以及影响心理现象的各个相关因素。环境设计心理学是一门十分典型的边缘学科，它运用科学的方法研究人和环境的关系，注重运用解决系统的理论解决环境设计中的现实问题，并使环境设计更好地服务于人们的生活。

环境设计心理学的理论、模型和视角为执行或评估设计过程提供了各种方法，随着相关研究和应用实践的不断发展、深入，整合各种理论和视角成为环境设计心理学研究发展的趋势。与此同时，环境设计心理学研究主要有以下特点：一是把环境和行为作为一个整体去研究；二是研究环境和行为之间的相互关系；三是应用性研究和理论性研究之间没有明确界限；四是跨学科和跨民族的研究。

1.3 环境设计心理学的发展

环境设计心理学是一门崭新的学科，以往对它做出明确界定的学者并不多。如果梳理一下它的相关研究，我们会发现它的内容主要由多门学科交叉产生，其中包括环境心理学、生理学、美学、艺术设计心理学等多个学科领域的理论知识与研究。

环境设计心理学的研究和实践现状

除上述内容外，我们可以将近几年环境设计心理学的研究内容主要容纳到心理学的两个分支中，一是环境心理学，二是设计心理学。这两者都是建立在心理学研究的基础之上，环境心理学侧重于环境与行为心理的研究，而设计心理学则侧重于工业生产与消费者心理研究。

环境心理学的研究与实践

19世纪，心理学家研究了人对声、光、重量、压力等环境刺激的知觉，但由于行为主义的主导地位和对学习过程的强调，当时的研究倾向于把环境事件看做强化程序和儿童经验。20世纪40年代，费斯廷格（Festinger）、沙赫特（Schachter）和贝克研究了环境设计因素对学生社会关系发展的影响，最早将对环境心理的研究转向对环境和行为系统的研究。20世纪50年代，巴克（Barker）等人对环境和行为的关系进行了系统研究，把库尔特·勒温（Kurt Lewin）的行为公式：B=f（PE）（即人的行为是人与其所处环境相互作用的结果）和“生活空间”（life space）等心理场论（field theory）发展成为一种系统的生态心理学研究范式，从而启动了最初的环境心理学研究。霍尔（Hall）的空间关系学、针对拥挤效应的研究，以及20世纪60年代城市规划师林奇（K.Lynch）对环境认知和城市表象的研究，这些研究促进了关于人和环境关系的大量研究。同时建筑师与行为科学家也开始了长期的合作，目的是设计出对人的某些行为功能有益的建筑。此后，环境心理学的研究开始遍及全球，而对知觉和认知的其他研究也在环境心理学中扮演了重要角色。

在我国，环境心理学这门学科已被心理学界承认并列入《心理学年鉴》，但环境心理学在中国的发展要远远滞后于世界水平。我国20世纪70年代初才开始有学者编译环境心理学著作，80年代有一些关于环境心理学的初步研究文章见于刊物，但直到90年代，关于环境心理学研究的书籍和文章都很少。1993年7月在吉林市召开了第一次“建筑学与心理学学术研讨会”。1993年12月，《建筑师》杂志（总第55期）专门为这次会议出版了一期专刊，这些可以看做是这门学科在中国正式诞生的标志。1995年，第二次“建筑学与心理学学术研讨会”在大连召开，会上正式成立了中国建筑环境心理学学会（2000年改名为中国环境行为学会）。此后，中国环境行为学会每两年在各地轮流召开一次学术研讨会，推动了环境心理学科在国内的发展。

设计心理学的研究与实践

最早奠定设计心理学的研究基础，使设计领域的学者和设计师开始关注设计——人工事物创造过程中的心理现象的学者之一是美国人工智能专家、认知心理学家赫伯特·A. 西蒙，他是最早明确提出设计是一门关于人工造物的学科的学者，从而使设计学领域开始将设计作为一种复杂的思维活动过程加以关注。对设计心理研究最系统、全面的学者应首推美国西北大学计算机技术系教授，认知科学和心理学家唐纳德·A. 诺曼Donald A·Norman。20世纪80年代他撰写了*The Design of Everyday Things*（国内翻译为《设计心理学》），这是西方可能性设计的先声。他将认知原理应用于日常生活中，目的是提高产品的可用性，降低因物品而导致错误和事故的发生率，以改善人们日常生活的质量。与诺曼相关的一位学者，毕业于丹麦技术大学的人机交互专家杰克博·尼尔森（Jacob Nielsen）与诺曼等人组成小组，在全球范围内推广可能性设计和设计心理学理论及测试方法，使人们更广泛地关注日用品的可能性及互联网和人机界面的可能性设计问题。

我国学者直接提出设计心理学，并加以系统研究应从2001年开始，之前有不少研究主要以艺术心理学为主。2001年江南大学李彬彬出版了国内第一本《设计心理学》教材，主要从消费者心理的角度理解设计心理学。随后，从2002年到2007年由大量来自不同领域的学者相继出版了大量设计心理学著作，推动了设计心理学在国内作为一门独立学科的发展，并且将研究逐渐转移到对设计艺术领域中人的心理与行为之间关系的研究方向。同时，问卷调查等定量研究方法的加入，使国内设计心理学走上了现代科学的研究之路。

环境设计心理学的发展趋势

作为一门交叉性学科，环境设计心理学的基础理论首先建立在环境心理学的理论研究基础之上。环境心理学近几年的研究发展趋势主要倾向于两个方向，一是认知心理学倾向，持认知心理学理论倾向的环境理学家以现象学和认知心理学的研究方法作为根据，以解释人们以经验的方式来了解他们所处的环境。他们的基础理论研究包括了前面所提到的格式塔理论、唤醒建构理论、应激理论等。

环境心理学是20世纪70年代以来在西方社会逐步兴起的一门新学科，它是心理学的一门重要分支学科。环境心理学在两个层面上关注“环境”：一个层面是关注作为行为背景的环境，这个层面认为只有在其前后背景中去理解，我们的情绪和行为才具有意义。因此在这个意义上，环境决定了哪些行为是有可能的，同时它决定了行为的难度以及成功的可能性。如图1.19是沃尔夫·苛勒（Wolfgang Kohler）经典的黑猩猩实验，在这个实验中我们可以看到哺乳动物是如何利用环境来生活的。

◆ 1.17 苛勒经典的黑猩猩实验

在另一个层面上，环境心理学也同样研究人的行为对环境的影响，更广泛地说，还包括大规模的环境问题，如污染、循环、生态问题。例如大城市共有的一个问题是空气污染，这是人类行为所导致的，人类行为的改变也可以减少甚至消除它。如图1.20所示，现实生活环境在不合理设计后所产生的另一种混乱，左图为人无视栏杆强行穿越马路，右图为在整齐划一的教室里乱作一团。

◆ 1.18 环境中不良设计所造成的混乱行为

因此，环境心理学包含两个方面：环境如何影响人，以及人如何影响环境。过去，设计师首要关心的是外观和内部结构的整合，现在，他们也关心设计对使用者的影响。所以我们需要知道设计对人的影响以及如何改进设计以改善环境设计的使用功能。

环境心理学的方法包括实验法，实验法中可以做因果关系的推论；还有相关法，它适用于某些情境，不过其因果关系是不明确的；描述法，在研究的开始是必要的。此外，有公开的方法，也就是让参与者知道自己被研究；也有隐蔽的方法，让参与者不知道自己是研究的对象。环境心理学中使用的独特的测量方法包括自我报告、实际行为的观察和痕迹测量或累计测量以及仪器测量和人物表现法。每个方法都有优缺点，而且在选择研究程序时必须考虑和衡量伦理问题，如知情同意问题和隐私权问题。

环境心理学可以解决诸如与学习、动机、知觉、态度形成、社会互动等方面有关的问题。环境心理学家研究的目的是解释为何人类会在与之相联系的环境中产生某种特定的行为。而这本书的意义在于，让包括建筑学、室内设计、园林设计等在内的学科最大限度地发挥作用。

调查目标

1. 环境是如何影响我们的行为的？而我们又是如何影响环境的？如何应用环境-行为的视角使设计过程变得高效？
2. 没有建筑学背景的环境心理学家和没有环境心理学背景的设计师，两者在分析环境时会为何采用不同的方法？
3. 观察人们工作的地方，评价环境并记录人们的行为，指出你可以做出哪些改变以利于工作的完成。
4. 例举能代表曾经或是现在的社会趋势或潮流的物品，并说明为何这些物品代表了社会趋势或潮流。
5. 找身边的三位同学来描述一个让他们感觉很特别的地方。

PART 2

环境设计心理学原理

环境设计心理学属于多学科的交叉领域，其基本概念很大一部分来源于心理学。在第二章中，我们将以环境设计心理学的应用为导向，有所侧重地介绍和论述环境设计中所涉及的相关心理学知识。

首先，我们将从设计与感知心理展开。对空间环境的感知，包括人们对于当前环境刺激的直接感官经验，以及对环境刺激加以储存、理解、组织与重新建构的过程。个体在感知环境刺激的过程中是主动而具有创造性的。人们所感知到的环境信息通常无法与实际环境完全吻合，需要凭借着许多过去的环境经验来对刺激做出判断，并不断地试验与回应以测试其正确性。因此，环境感知是个人的，反应其独特的观点、需求与目的。接着，我们将从社会心理学的角度着手，围绕着审美、符号以及文化等三方面，介绍人与环境互动过程中社会文化因素的深刻影响。最后，本章将对个体差异，以及伴随个体和他人互动过程的、或是在群体中的心理需求及空间行为加以叙述。个体差异是心理学研究所强调的影响心理活动和行为表现的重要因素之一，个体差异主要是指个体在知、情、意、行等活动过程中表现出来的相对稳定而又不同于他人的心理和生理特点。此外，个体与他人的互动和群体对个体的影响作为重要的外部情境因素，也都会对个体的空间认知和空间行为产生很大的影响。

2.1 环境设计与感知心理

了解人们如何看待周围的环境，解释基于感知者过去经验的、对环境信息的关注和理解程度是空间设计的关键。本小节将围绕着感觉、知觉、视觉感知以及空间感知展开。感觉是通过我们的感官搜集和初步加工环境刺激，知觉则是将这些刺激转换成信息，通过使用选择性注意和知觉恒常性，设计师可以为用户塑造和提升空间。由图2.1我们可以看到，在室内空间中，我们可以运用知觉恒常性的近大远小规律，使较矮的建筑更加高大。视觉感知主要是指通过处理包含在可见光中的信息解释周围环境的能力，帮助人们理解自身与外界之间的距离和深度等关系。如图2.2，眼睛是视觉感知的主要器官。空间感知是指人们如何理解、判断和与环境互动，它不仅仅是我们获取、存储、组织和回忆有关地点、距离和安排信息的一种方式，也是帮助人类认识周围环境的过程，并由此形成认知地图。如图2.3，高大的人民大会堂室内设计给人带来严肃、庄严、宏伟的空间感知。

◆ 2.1
室内空间中的知觉恒常性

◆ 2.2
眼睛是视觉感知的主要器官

◆ 2.3
人民大会堂的建筑室内设计给人带来严肃、庄严、宏伟的空间感知

2.1.1 感觉

人生活在世界上，每天都要与周围环境发生感性的、直接的关系，如观看、倾听、品尝和触摸外物，而由这种种渠道得到的感觉，就构成了人们进行理解、想象和情感活动的基础。人的各种感官能使他们得到有关周围环境和自身内部活动的各项信息，而这些信息又为他们的生存和心理结构向更高水平发展提供保证。心理学将感觉界定为感受器（眼、耳等生理器官结构）所产生的表示身体内外经验的神经冲动过程。感觉是知觉的第一个阶段，是人对外界刺激的即时、直接的反映。

感觉的基本原理

现代心理学将感觉根据承受的不同分为了三类：外受、内受和本受。外受是指通过感觉器官（认知心理学中称为感受器）——眼睛、鼻子、舌尖、皮肤等来感受身体外的事物变化；内受是人对自身肉体内部变化的感受，例如感觉饥饿、感觉头痛等；本受就是运动觉，也就是人对自身运动的感觉。

也有学者主要根据刺激的性质将感觉分为两类：外部感觉和内部感觉，前者接受外部刺激，反映外部事物的属性，例如视觉、触觉、听觉、味觉、嗅觉等；后者接受内部刺激，反映身体位置、运动及内脏的状态。可见，前一分类中的“外受”即这里的外部感觉，而“本受”和“内受”被归为内部感觉。图2.4、图2.5、图2.6分别是三种类型的具体表现。

◆ 2.4
外受：给人带来温暖的感觉

◆ 2.5
内受：感觉到头痛

◆ 2.6
本受：对身体位置、运动的反应

感觉是复杂经验建立的基本过程，是人类一切认知和思维活动的起点。它主要具有两个方面的功能：一是生存需要，帮助人类适应外界环境，例如对食物和危险源的察觉；二是人们通过感觉获得各种生物意义上的快乐体验，例如，图像和颜色这两个方面都是设计师在进行空间设计实践时必须着重考虑的要素。

感觉的多通道

感觉依赖于输入信息的性质、强度和差异，人体感受器通过接受来自外界和自身的各种刺激，引起感受器神经末梢发生兴奋冲动，沿神经通路传递到大脑皮层中视觉、触觉等感受区域，最终产生感觉。每种感受器只能对一种性质的刺激特别敏感，这种特别敏感的刺激称为“适宜刺激”。例如，听觉感受器接受的是耳的适宜刺激，即一定频率范围的声波。人们对环境的认知依赖于多种感觉的体验，主要通过视觉、听觉、嗅觉、动觉、触觉、温度与气流等多种感觉来感知环境，不同感觉的相互作用会影响人们对环境的体验和评价。人们的感觉通道对应各种感觉器，包括视觉、听觉、味觉、嗅觉、触觉等通道。近年来，“通道”一词常用于用户界面分析和设计中，原因在于，既然人们的每种通道（对应各类感受器）仅允许一类适宜刺激通过，并传入神经中枢，所以当我们设计物品时，为保证各种必要信息能充分为人所察觉，必须考虑允许用户利用多个感觉通道，以自然、并行、协作的方式进行交互，整合各信道的特点和适宜条件，提高人机交互的自然性和高效性。

多通道界面的研究和运用作为与设计心理密切相关的一个新领域在欧美发展迅速。如图2.7所示，微软亚洲研究院、英特尔公司等知名的科技公司都设立了专门的多通道用户界面设计团队，旨在探索多通道信息输入技术和信息整合方法，探索视线跟踪、语音识别、手势输入等新的交互技术和产品。这一方面的研究将在不远的将来，给人们带来接收信息和控制产品的方式的巨大变革，因此，对设计而言具有深远的意义。一方面，它是易用设计和人性化设计的福音，将帮助某一类或几类感觉通道受到损伤的残障人士克服生活和工作上的缺陷；另一方面，它将提供人们更自然地控制产品的方式，人们将不再需要努力学习界面控制的方法，而仅仅通过最习惯的语言、手势、文字便可以控制复杂的智能机器。

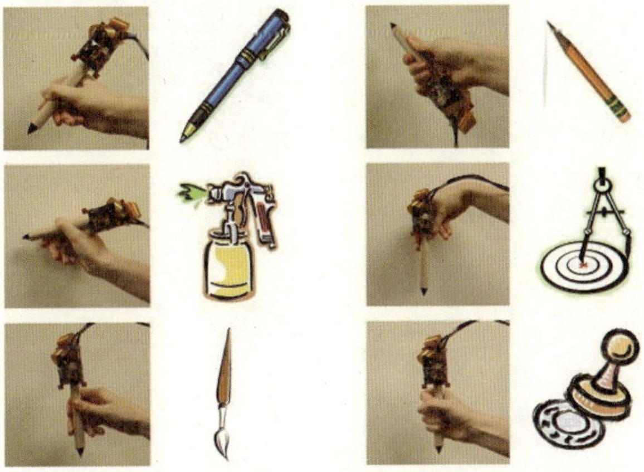

◆ 2.7 多通道界面的研究产物：兼具多种功能的“神笔马良之笔”

2.1.2 知觉

知觉是对于感觉经验的加工处理，是认识、选择、组织并解释作用于刺激过程的某种意义而言。知觉与感觉的不同处在于，感觉是对事物个别特征的反映，而知觉却是对于事物的各个不同的特征——形状、色彩、光线、空间、张力等要素组成的完整形象的整体性把握，甚至还包含着对这一完整形象所具有的种种含义和情感表现性的把握。有些心理学者认为，知觉包含感觉，或者说我们所谓的“感知”过程。从这个角度出发，知觉被划分为三个阶段：感觉、知觉组织以及辨别与识别客体。其中，感觉将物理能量转换为大脑能识别的神经编码，它提供了知觉的基本材料；知觉组织是对认知对象进行内部的表征的过程，它将主体过去的经验、知识以及感觉输入材料整和在一起，形成可供主体辨别或识别的知觉；最后一个阶段是辨别和识别阶段。在这个阶段主体赋予知觉以意义。辨别和识别过程已不是一个单纯的生物过程，它所涉及到的主体的价值观、哲学态度、文化背景、对客体的态度期待等较高水平的认知加工过程也是认知心理学的研究主题。格式塔心理学家认为，知觉是具有理解力的，即知觉本身有能动性，能积极地搜索、选择、组织、识别物体。这种“理解”不是人运用逻辑思维能力进行推理、归纳得来的结果，实质上是知觉组织的过程，是一种自发、自动的过程。有时在人们意识到之前就已经发生了。在图2.8知觉整体性图中，我们发现人们并不把知觉对象感知为个别的、孤立的几个部分，而倾向于把它们组合为一个整体。而图2.9知觉理解性指在知觉过程中，人们利用过去所获得的有关知识经验，对感知对象进行加工理解，并以概念的形式标示出来。

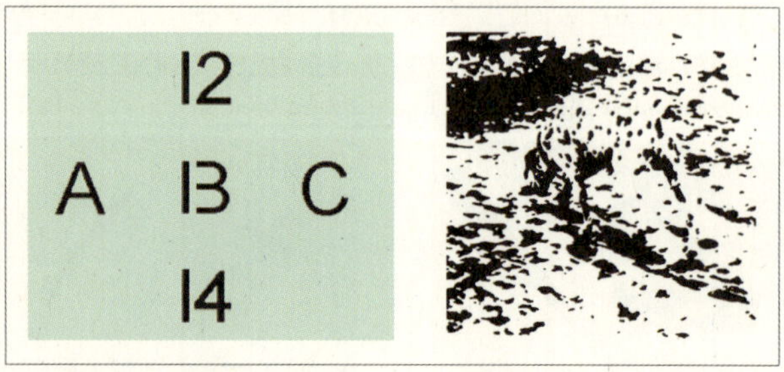

◆ 2.8 知觉的整体性

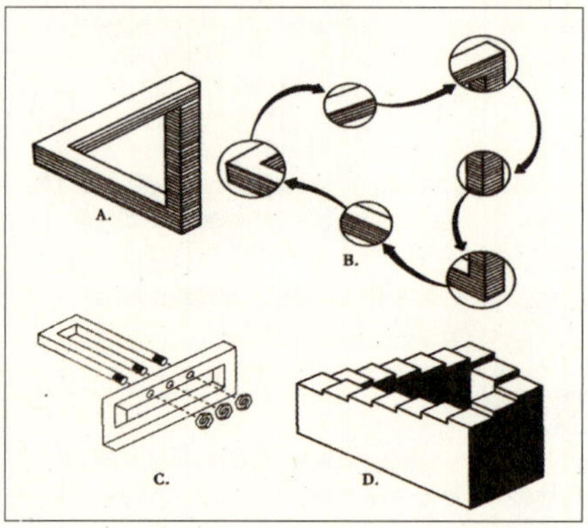

◆ 2.9
知觉的理解性

图2.10表示的是人不可能对众多事物进行感知，而总是有选择地把某一事物作为知觉对象，与此同时把其他事物作为知觉背景，这就是知觉的选择性。如图2.11所示，当知觉条件发生变化时，知觉的印象仍然保持相对不变，这就是知觉的恒常性。

◆ 2.10
知觉的选择性

◆ 2.11 知觉的恒常性

人对空间环境信息的接受、识别、贮存、加工是通过感官去获取的，也就是通过人这个主体心境去观察、感受、体验，环境的形、声、光、色、热、味等变化都能对人产生刺激，使之产生感官反应，而人的任何活动都伴有心理现象，感知是人与空间环境的媒介。如室内环境的宽敞感、亲切感、舒适感也多与视知觉有关。如果建筑环境中，建筑物形状各不相同，人对建筑物外形的感知就通过眼睛对建筑群实体的轮廓进行观察，给大脑提供形体信息，加上感受者自身的心境与经验验证，进而形成知觉。

知觉的基本理论

感觉刺激是所有生命都需要的，我们所生活的环境以各种方式给我们的大脑提供原材料去组织和解释这些感觉信息，这样就导致知觉的产生。知觉帮助我们了解和识记那些依赖于我们的大脑过滤和加工过的原始刺激的集合。因此，知觉是一个从原始的感觉信息创建有意义的模式的过程。

知觉，作为我们整体思维过程的第一阶段，包括了对感觉信息的解释。认知，是思维过程的第二阶段，是一种通过感知行为、推理或直觉来认识信息和知识的方式。因此，认知也是我们思考、学习、形成记忆、做出决策的一种方式。

感觉和知觉是获取和处理信息过程中的两个不同的步骤。虽然感觉是对传入的感觉信息的解释，但它是受多种因素影响的（如刺激水平的类型和个体过去的经验、对细节的重视程度、准备状态、动机水平、当前的情绪状态）。研究发现，人们根据独立的视觉线索获得尽可能多的距离和运动知觉。当缺少视觉线索时，个体经常会对走多远和如何走远产生误判。在开阔的环境中，如机场和会议中心，如果视觉线索很少或根本没有，人们往往会高估短距离，低估长距离。如果有丰富的视觉信息，人们就很少意识到他们在一个空间内的活动。这意味着我们不善于跟其他感官一起体验环境。图2.12展示的是视觉线条作用。

◆ 2.12
视觉线索的作用：
为人们提供距离的
信息

知觉是人脑对直接作用于感觉器官的客观事物整体的认识，对感觉信息进行组织和解释的过程。认知心理学认为：在内部世界与外部世界之间存在着一种对应关系，人脑是以符号、符号结构以及符号操作来表征、解释外部世界的。“符号”是信息的载体，因此，这些心理表征就代表了外部世界储存在头脑中的“信息”。内、外两个世界不断地进行着信息的交换，这样的结构就解释了人与外部环境之间的“信息交换”的关系本质。展示设计活动本身是一种复杂的人类行为。设计师将有价值的商业信息转换为符号，并以可被人脑所解读的形式将其呈现在三维空间中。当人在此空间中感觉到符号，进行解码，并做出相应的反馈时，这个过程便完成了一个三维空间中的信息传达。

知觉与设计

知觉是最能影响设计的心理变量之一，它具有高度的主观性，会影响我们对许多变量的解释。无论距离、角度还是亮度如何，大多数人会以相同的方式解释一个物体或场景。选择性注意使人们能够专注于选择刺激并将这些刺激与其他刺激区分开来。在设计过程中理解人们是如何感知他们的世界是非常重要的，一个设计师的目标是创造尽可能多的知觉恒常的设计。如果最终结果不是客户所想的，那就可能是设计者不了解客户眼中的世界是怎样的。

简单地说，知觉是对传入的感觉信息的解释，并且是由多种因素影响的（例如刺激水平的类型和个体过去的经验、对细节的重视程度、准备状态、动机水平、当前的情绪状态等）。当感觉器官收集刺激时，大脑通过知觉过程解读这些信息。随着大脑不断接收、整理和理解传入的信息，我们超越感知进入到认知阶段。感觉的不同元素共同形成知觉，知觉将这些信息组织成一种模式，这就形成认知。一些知觉理论认为某种形式的特征或线索让我们对环境有一种直接和即时的感知。一些专家认为我们感知的是个人的特性，而其他人认为我们感知的是这种模式。

如上所述，知觉定势会使个体在特定环境中对知觉到的某些对象或特征有预定的期望。如图2.13，知觉定势非常有影响力，它能使人们产生一种完全基于情境的知觉期望（这些知觉都基于他们先前的经验）。许多人认为岛上的生活总是轻松而充满乐趣的，当他们从陆地迁移到岛上之后就会发现，这与他们之前的知觉期望是不一样的。真正的情况是，人们必须努力工作来支付账单，赚钱后他们也不会走远，因为那样往往会有更高的生活成本。这就是知觉期望和现实之间的反差。

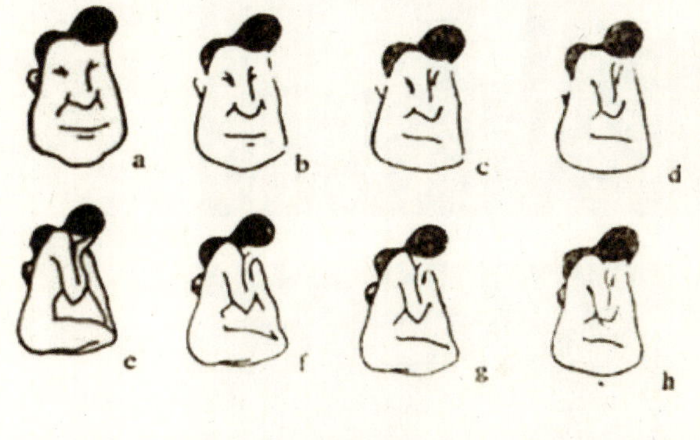

◆ 2.13 先看a、b、c图；再看d图，与先看e、f、g图，再看d图。你两次知觉到的d图是一样的吗？

知觉的另一个成分是基于大小、形状、亮度和颜色的知觉恒常性。无论感觉刺激如何变化，我们都倾向于认为物体是不会改变的。为了证明这一点，我们认为不管观察这个物体时的我们离物体的距离如何，我们看到的物体都是同样的大小；同样的，不管是从哪个角度看，我们都认为这个物体的形状是不变的。比如，如图2.14，较远处的一座建筑看起来比在现实中要小得多。因为我们知道这个建筑有多大，所以我们就把这种认知强加到这个现实场景中。这就是为什么很多人发现很难去做透视绘画。此外，即使照明条件发生变化，物体都会保留一个恒定的亮度，熟悉的物体也会保持其原有颜色。这些大小、形状、亮度和颜色的恒常性是重要的，因为它们帮助我们更好地理解世界。

一些专家认为我们会感知的是个人的特性，而其他人认为我们感知的是模式。设计师可以利用选择性注意影响感知，因为选择性注意使我们关注场景中的某一个属性而忽略其他不太重要的方面。

设计师可以利用选择性刺激来吸引个体，将他们的注意力集中于所设计的特定功能或方面。由于这种方法可以被用来增强空间知觉，专业设计师会努力在环境中创造一种知觉恒常性来改变人们的观念。知觉恒常性一般会有一个核心部分和可以区分的属性。以教堂和餐厅为例，如果将教堂按照餐厅来设计，就会失去知觉恒常性，人们会很难理解和回忆与环境相关的细节。若教堂看起来像餐厅，如图2.15，人们可能会认为比较有意思而记住，但其实那些创造知觉定势的微妙的细节更可能会被遗忘。设计师会使用颜色、物体和各种设计技巧来实现知觉恒常性，但是这些都必须与个体理解世界的方式一致，这也体现了文化和人格在设计过程中的重要性。

◆ 2.14
近大远小

◆ 2.15
类似餐厅的教堂

2.1.3 视觉感知

视知觉，是将到达眼球的视觉刺激传达到大脑接收和辨识的过程，包含视觉接收和视觉认知两大过程，主要涉及光的视知觉和颜色的视知觉两大部分。

光视觉

光视觉，又叫明度视觉。明度是对照射在视网膜的一定强度的光的感受，它受到两个要素的影响，一是眼睛的适应状态；二是光的强度。明度视觉是最基本的视觉，对一般人而言，视觉是由明度和颜色组成的，并且明度还是色彩的三大属性之一。人们的色彩视觉也受明度视觉的影响。

科学研究发现，人的视网膜上有两种对光敏感的细胞，即锥体细胞和杆体细胞。如图2.16，在明亮的环境下，锥体细胞起作用，杆体细胞被抑制；在黑暗的条件下则正好相反。人对光线的适应分为光适应和暗适应，人眼从暗处转向亮处即光适应，这个过程很快，大约不到一分钟；而反之，从亮处转向暗处——暗适应则相对较慢，大约需要30分钟甚至更长才完全适应。因此照明过程中光线不可直射人眼，避免眼睛适应过程中造成的能见度下降的现象。经过暗适应后，眼睛的感受能力会提高，再感受到的光会更加明亮，产生的原因是在黑暗中停留一段时间后产生作用的杆体细胞比锥体细胞更加敏感，可对微弱的光线进行反应。

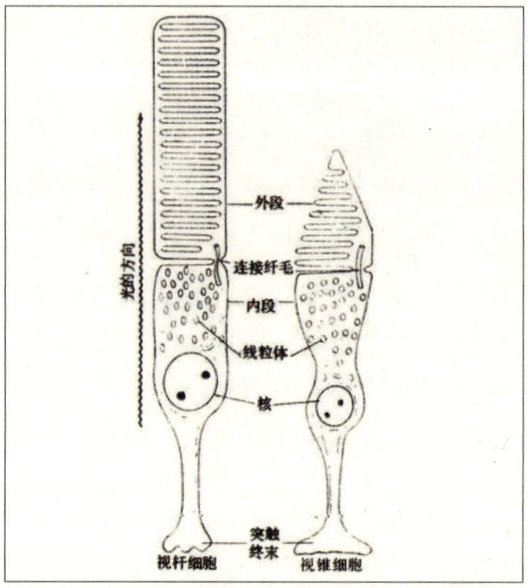

◆ 2.16
两种视觉感光细胞

影响明度视觉的另一个要素是周围环境的光线强度，其原因可用差别阈限的原理加以解释，即较黑背景下的同样明度的物体看起来比较明亮。反之，要想使物品显得较为明亮，则需要使其与背景明度差别较大（更黑或更白）。例如，李渔在《闲情偶寄》中写道“簪之为色，宜浅不宜深，欲形其发之黑也”，就是利用明度对比，以浅色发簪反衬发色的黑亮。

与之相应，当人的视野中物体与背景间的亮度对比过大时，就会造成视觉不适或能见度下降，这也是人机工程学常谈到的“眩光”。避“眩光”是灯具设计中最重要的问题之一，一般而言，灯具不应使光线直达人的眼睛，而应经过反射降低强度。例如图2.17与图2.18，丹麦设计师保罗·汉宁森（Poul Henningsen）设计的PH灯，它使人们无论从何种角度都看不到光源，并避免了光源与背景亮度差过大所带来的眩光，而且还能减弱灯罩边缘的亮度，防止灯具与黑色背景形成过大反差，造成视觉不适。它的成功在于，虽然它是从光感的角度出发解决实际的照明问题，但这种直接针对问题的设计造就了一种简洁优雅的形式，使美观与实用完美地结合在了一起。根据视觉心理学中的简化规律，凡是亮度相同的单位，在视知觉中都会被组合到一起，形成最为简化的式样，因此，具备相同空间定向的物体的组合可以通过光线的运用，在空间秩序和统一上求得平衡。

◆ 2.17
PH5+灯

◆ 2.18
PH松果吊灯

颜色感知

人类的眼睛能够检测出不同的颜色。眼睛有三种不同类型的感光细胞，分别对三原色敏感。三原色能够创造其他的颜色。我们通过光和色素感知颜色。光的三原色（红绿蓝）是加法三原色，用于创建穿透式的颜色；而颜料的三原色（青色、品红色和黄色）是减法三原色（它们吸收或过滤其他颜色），用于创建反射颜色。

在设计中，颜色有三个主要属性：色相、饱和度和亮度。值得注意的是，虽然物体颜色根据色相、明度、饱和度来描述，但光也有这三种属性。因此，颜色质量取决于颜料和照明。

如2.19图所示，色相就是能够被识别的颜色的名称（如红色、绿色或紫色），与颜色的波长有关。饱和度（也称为浓度）主要用于衡量颜色的纯度（看上去有多强烈或缓和）以及颜色的深度和强度。亮度是与饱和度有关的颜色的深浅和明度，明度和饱和度的水平决定了颜色的亮度。

◆ 2.19 颜色的三个属性

纹理或材质会影响颜色的感知。颜色感知可以受到光线与不同的纹理和材料的影响。如天鹅绒比较厚、比较深，往往比相同的色调看起来要暗。同样的，木头和软木等粗糙的自然材质也会让颜色显得更暗。

颜色感知是视觉的一个重要组成部分，因为它让我们更好地检测空间特性，强调特定的物品，并在内部空间感知情感。然而，没有光我们无法感知颜色或形式，不适当地使用颜色也让我们无法准确地感知环境。

颜色和颜色模式对人类影响深远。通常，红、黄和橙被认为是高唤醒（暖色）颜色，而蓝色、绿色和紫色被认为是低唤醒（冷色）颜色。颜色的亮度可以改变其所传达的心理信息。研究人员发现，颜色的亮度和饱和度水平会引起情绪反应的变化。一项研究表明，相同的颜色，强度不同也会影响人的反应。同样拥挤的房间，被测试对象认为浅绿色房间的拥挤程度要低于深绿色的房间。这个研究表明，室内颜色选用亮色会让人觉得更加开放和宽敞。另一项研究发现，一家日托中心的房间有各式各样的颜色墙，这样的日托中心中的儿童会表现出更多的合作行为。研究也显示，我们对环境温度的感知与周围环境的颜色之间是相关的。例如，一个房间设计一些“冷色”配件（如瓷砖、不锈钢、玻璃、蓝色）可以降低一个观察者感知的环境温度。从这一领域的许多庞大且多元化的研究中我们可以看到，颜色可以用来创造空间错觉，可以作为某些行为的便利化的附件，也是通过感知调节温度的方法。如图2.20冷暖色调的房间给人的心理感受不同。

◆ 2.20 冷色和暖色房间会给人带来不同的感受

拓展阅读

大脑如何调整颜色

我们通过大脑中的视觉系统感知颜色，大脑能够根据照明情况调整颜色，这就叫做色彩或颜色适应。颜色适应让我们能平衡在各种环境中通过眼睛检测到的颜色信号。通过这种方式，我们的大脑不断地处理检索到的信息。换句话说，室内空间的光和颜色不可能完全平衡。这意味着，颜色的饱和取决于它的位置，及其与光的交互作用。例如，如果第一次在人造光下看一个物体的颜色，在自然光下再看一次，大多数人都无法观察到明显的转变。然而，如果你在两种照明条件下拍摄同一个对象，物体的颜色就会显得不同。这是因为我们的大脑充当了一个过滤器，帮助我们解释我们所看到的。

大多数视神经纤维从眼睛一直到大脑后侧叫做枕叶的区域。然而，大脑的不同部位负责视觉的不同部分。例如，下丘脑对形式、动作和颜色做出反应，其他领域如V1区负责三维图像的解释，使我们能够确定对象的形式和方向，V2区帮助我们理解形式和色彩之间的关系。

理解这种关系对设计师非常重要，比如，阿尔茨海默氏症对病人的V1和V2区有影响，当座椅和地板颜色相似时，这种病人很难将地板和椅子区分开来。面对一碗水果，一个V4区（负责颜色的区域）较成熟的人看到的是一碗水果不同颜色之间的活力，而一个V2区（负责深度知觉）更成熟的人可能会更多地注意水果放在盘子中的三维形式。

脑干也很重要，它调节我们的瞳孔大小，当我们将目光穿过一个房间或从一个对象转移到另一个对象时，它可以保证我们能顺利地感知。这是因为脑干填补了相对静止的图像和完整的视野之间的缺口。

颜色的心理效应

颜色与我们的情感密切相关，但颜色直接影响人类行为的方式还在研究当中。我们对颜色的反应是否有生物相关性或仅仅是我们社会化的副产品需要进一步勘查。设计的目的是将这两种方式联结起来，因为习得的反应可能导致生物表现。例如，你小时候就知道蛇是危险的，当长大后你遇到一条蛇时，你的身体反应可能是心率加快、血压升高，甚至可能全面性瘫痪。你的生理反应是基于环境元素，但是你的心理条件导致了这样的生物反应。

许多理论家和研究者声称颜色可以表达身体状况和思想。当我们暴露于某些颜色时会有生理变化，这是由一种叫色动力学的现象引起的。有研究指出，在做出决定后，长波色相比短波色相更能激发与红色和黄色相连的高状态焦虑分数。因为焦虑包括不愉快和高唤醒，这些发现符合对颜色的生理反应的研究结果（红色和黄色比蓝色和绿色更容易唤醒）和颜色偏好的研究（黄色和黄绿色比蓝色和绿色更令人愉快）。然而，在一个专门建造的学习环境中进行的另一项研究发现，在红色、蓝色或黄色房间里，更高级的功能，如数学、阅读和运动任务表现没有显著改变，这表明颜色更能影响无意识的生物系统。这表明，颜色可能会更影响生理。

表2.1　不同颜色的生理效应

颜色	生理效应
红色	刺激脑波活动，心率加快，血压升高
粉红色	放松肌肉，安慰
橙色	激发食欲
黄色	缓解抑郁，改善记忆，刺激食欲
绿色	舒缓，放松精神和身体，减轻抑郁和焦虑
蓝色	平静下来，降低血压，减少呼吸
紫色	抑制食欲，营造一个和平的环境，有助于缓解偏头痛
黑色	激发自信、力量、野心
白色	给人以干净、无瑕和天使般的感觉

视错觉

所谓视错觉，并不是因为人们看错了，这并不是视觉的问题，而是在特定条件下观看事物时产生的扭曲和变异现象。由于人自身生理感知结构的局限性，使人们在对造型的感受上产生错觉，例如透视中的近大远小。

我们所感知的现象，如果不符合外部刺激，就产生了所谓的错觉。知觉过程并非总是容易的和自动的，知觉又像是解密，必须把外界的许多信息和线索综合起来，才能获得最终的感受。图2.21为荷兰画家埃斯切尔（Escher）的作品，是一种无法获得知觉稳定性和知觉经验一致性的作品。作品中相互冲突的视觉线索和不连贯性导致了知觉上的矛盾，产生了不准确的知觉经验。所以，知觉过程实质是假设的产生和检验的过程。图2.22中出现了多种我们凭眼睛所见而造成事实上失真或扭曲的知觉经验：贡布里西（Gombrich）将错觉与艺术的研究推向了一个极端的高度，他认为，眼睛在千变万化中欺骗我们，使我们产生多种多样的错觉。我们的知识往往支配着我们的知觉，从而歪曲了我们所构成的物象。艺术再现与视觉错觉的关系也使今天的艺术家有理由怀疑从前的写实并不是真正意义上的“视觉真实”，加之由于发明了摄影技术，人人都有再现的工具，所以艺术就不得不重新审视我们的图画再现，并且大胆探索心理学。一部《艺术与错觉》的著作就使我们认识到艺术与心理学的密切联系，当然，贡布里西所研究的艺术与错觉是对图画再现的心理学研究。他所涉及的错觉概念不仅是心理学所特指的错觉概念，而是基于整个感知理论的研究。

◆ 2.21
荷兰画家埃斯切尔的作品

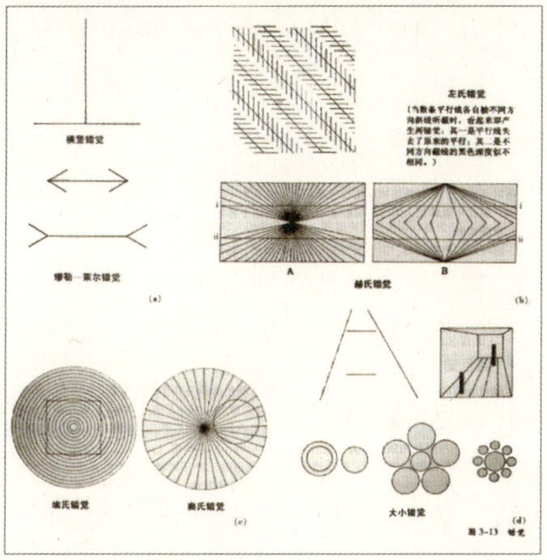

◆ 2.22
视错觉图

了解常规性的错觉产生类型，有助于我们有效利用错觉带来的特殊效果。由于人的生理感觉结构和对空间的感知带来的局限性，在对造型感受上往往会产生错觉。错觉是在室内设计中应用得最多的视觉原理之一，研究错觉产生的原因，对于进一步运用错觉效应是非常有价值和意义的。

运动视觉

运动视觉指感觉物体空间位移和移动速度的视觉。觉察运动对于动物至关重要。因为运动的目标对于动物而言，往往是危险源或者食物，需要动物快速地回应，并且动物常常会忽视那些静止的物体。学者们认为只有最高等的动物才能察觉那些静止的物体，人类的运动视觉也具有类似特征，因此运动的物体格外容易吸引人的视觉注意。这解释了为什么同样的广告，那些有一些变化或者有运动感的广告更能引起人的注意。当然，闪烁的、运动的物体虽然较为吸引人的注意力，但同时，过度的注意容易加重人的信息加工的负荷，从而导致视觉疲劳，因此，人们在那些灯光摇曳的场所较久滞留，会感觉头痛和恶心。

人们对物体空间移动的信息有两种不同的视觉途径：网膜—映像系统和头眼系统。前者是指眼睛保持相对稳定，活动物体的影像快速移过感受器，运动物体在网膜上引起迅速移动的像；后者是通过眼睛追随活动的物体，在这种情况下，落在网膜上的像或多或少是静止的，并不能发出运动信号，此时是通过背景获得速度，但即使没有来自网膜的背景信号，我们也同样能看到运动。例如在黑暗中有一个移动光点，在这种情况下是眼睛追随光点引起头部转动而产生的运动知觉：并且当眼睛正常运动时，网膜—映像系统与头眼系统之间发出的运动信号似乎能相互抵消，以保证视觉世界的稳定。比如我们在房间内移动视线时，仍能感觉房间静止，这种相互抵消以保证人能感知一个稳定世界的现象已被承认，但其背后的机制则仍存在争议。视觉所能察觉的运动有相对性，不论何种运动，大脑都必须依据一定的参照间架决定什么在运动，什么在静止。例如当人乘坐汽车等速度较快的交通工具可能出现这样的错觉：当汽车在向前行驶时，观察者会感觉外面静止的景物在向后运动。这是因为在这些情况下，视觉是人们感受外界信息的基本来源，而他们的身体处于静止状态，因而缺乏必要的动觉和振动感，就将运动强加给周围的物体。又比如我们看到电影中的人不断奔跑，其实他的像在观众视野内的位置并没有改变，观众主要根据画面中的景物不断向后的移动感觉到他在向前运动。心理学家邓克尔还发现人们倾向于将小的物体看做在运动，将大的物体看做静止的。例如一个光点投射在幕布上，随着幕布移动，人们会感觉光点在移动，这种手法目前在各种动画艺术设计中被广泛应用。一般动画中要表现人的奔跑，往往是人在原地做奔跑的动作，而周围的景物不断向后移动。如图2.23的感觉也是如此。

◆ 2.23
坐在汽车上，你会不会觉得两边的树在往后“走”呢？

此外，动画本身是一种对视觉的欺骗，那些画面原本是一系列静止的画面，而我们之所以能感觉到它们是连续的动作，主要是因为所谓的“视觉暂留”现象。视觉暂留是指人的视觉存在一定惰性，不能立即根据外在刺激的变化而发生变化，因此闪烁率大于每秒50次的光就感觉是稳定的光源了，电脑显示器就是基于这个原理设计的，其表面实际上就是一些闪烁的点，而常说的显示器的刷新率也就是这些光点闪烁的频率，因此当刷新率大于75Hz时人的视觉比较舒适，低于75Hz则会感觉显示器在不断跳动，影响舒适度。动画画面的原理与此类似，当画面以24帧每秒以上的速度变化时，人们就会感觉画面是流畅的、连续的动作。

2.1.4 空间感知

尽管知觉输人的具体形式有所不同，但人们会运用知觉对周围环境的实际状况“描绘”出一幅幅“图画”或对其进行最佳猜测。这样的知觉呈现给我们的或许是一幅自然风光的远景，或许是一个充斥着声音和弥漫着气味的城市街道。这些信息通常都以意象或地图的方式在我们大脑中存储和再现。尽管感觉的生理过程建立在可观察的生理过程和事件基础之上，但不可否认，我们所看到的这个“眼前”世界也包含着从个体经验和记忆中提取出的种种因素。人们“看到”心理意象或地图的主观经历是否与其实际的心理表征或存储系统完全一致，关于这一问题，心理学界还颇有争论。本小节中，我们将试图理解人类在和周围环境的交互作用中如何存储、检索和使用信息，因为人们并非总是用不变的眼光来看待现存的事物和周围的环境。想象一下你正在看书的房间，假设你在天花板上开一扇窗户再往房间里看，这间房间在你眼中会是什么样的？有时我们并不主动地借助视觉、听觉、嗅觉来感知周围环境，而是通过内心来体验它。我们既可以获得关于周围环境的事实和认识，同时还可记住通过经验习得对周围环境的情感反应。试想，我们也许能用这种关于自然环境的心理意象来制定计划、了解地形或解决现实存在的环境问题等。总之，研究者们把这种想象和思考空间世界的能力，称为环境空间感知。

认知地图

了解人们如何感知和概念化空间是帮助人们有效地与环境互动的关键。我们可以测量几何空间，但必须构建导航空间的认知地图。一般我们是根据感觉信息、想象力和语言建立认知地图的。简而言之，我们对空间的理解是基于对象本身的意义和它与我们的关系。我们通过头-脚、前-后、左-右的定位来理解我们周围的三维空间，使用这些方向线索来了解环境的空间布置，但一般认为导航是二维空间，这是一种错误概念。出现这种二分法是因为我们小时候对于空间的了解不够，我们常常将三维空间当做二维空间来回忆和想象，这也解释了为什么要设计客户喜欢的模型。如图2.24，一个好的设计模型有助于客户对空间进行感知。

我们使用认知地图以及物理对象和元素的空间定位，尽快到达目的地，有些人严重依赖心理平面图，而另一些人依赖定位或参考点，比如地标。研究表明，人们寻路大多都是使用地标的方法。

然而，男女寻路的技术和能力有所不同。男人更多地依赖参考点、距离估计和方位，在寻路技能方面，他们表现出更大的信心。但有人发现，这种性别差异可能与焦虑水平有关。在儿童时期，男孩比女孩通常有更多的自由，这些经历让他们有更多的能力和信心。定向能力有问题的人更有可能在一个新的环境中体验空间焦虑（恐惧），随着时间的推移，这可能会限制他们与物理环境的互动。

◆ 2.24 设计模型

许多心理学家认为，每个人都会对他们所处的环境进行结构化的心理表征，一般情况下我们把它称为认知地图。简单地说，认知地图就是一个对自然环境中的空间格局进行部分表征的心理结构。无论在物理形式还是在具体内容上，认知地图都与真正的地图有所不同。认知地图更具概括性，是不完整的、变形的、简化的，具有个人风格的特点，我们可以认为它们是由三个成分所构成：地点、空间关系与旅行计划。在这种情况下，地点指的是基本的空间单元，我们会给它附加名称、功能以及知觉特性。依靠认知地图，我们可以知道这个地方可能是一间房子、一栋建筑物、一座城池、一个国家或者一个星球。另外，认知地图可以反映空间特性，比如地点的距离和方位、各地点间的空间关系。最后加灵等人提出行动计划这一概念，并将其定义为可作为认知地图的心理世界和由其支持的等其他行为之间的重要桥梁。

不仅环境心理学家和认知心理学家对认知地图这一主题比较关注，其他领域（地理学、人类学和环境规划）的学者对此也很感兴趣。认知地图是人们对自己所熟悉的环境非常个性化的心理表征。

随后30多年，越来越多的学者开始对认知地图展开研究，以至之前各种各样的研究目标和方法都被统称为认知地图和空间认知。正如我们所说，认知地图起源于好几个学科，如心理学、规划学和地理学，这恰恰表现出环境心理学是跨学科的这些研究特点。这些不同学科间的差异导致了认知地图的研究组织比较松散，这些研究报告中的研究方法和研究目的也各不相同。

我们可能认为，一个人所形成的认知地图代表了他（她）对自身所在环境的一种个人理解。当然，自然环境中某些方面的特点很容易被人们感知为比较重要和与众不同的，因此也很容易让人记住。规划学者和地理学者十分关注这此环境特征。通常最让这些学者关心的，就是那些令环境容易识记的自然特征。易识记性是林奇提出而后被普及开来的另一个常用概念，我们在前面的章节中已经提到过。它指的是一个环境在多大程度上容易被人认识和记忆，显而易见，无论是在一个建筑物内还是在户外的某个环境中，易识记性能够给我们的行走带来很大的方便，但它也可能会影响到我们对环境的情绪反应。

除了城市或乡村客观环境本身的特点外，你可能会期望个体或文化会使人们对某一环境特点的关注程度不同。例如，对你宿舍附近或你去上课时常走的那条路周围的校园环境，你可能会更熟悉些。那么与住在校园其他宿舍区域的同学或者系里的极少人员相比，你眼中的校园就可能在某些方面与他们的有所不同。当然，大多数学者都认识到个体经验差异的重要性。对心理学尤其是对社会心理学和发展心理学感兴趣的心理学家而言，个体经验差异已成为一个非常重要的研究领域。

寻路

寻路（即导航或有一个特定目标）可能包含生理、文化、传统和历史的功能。寻路包括各种技术和技能，有些人将地标作为参考点，也有人使用指南针。然而，一个普遍但不正确的假设（生态谬误）认为，男人比女人有更好的方向感，或许这是因为男性是我们早期建立环境和结构的主要设计师。现代的超级游轮和钢筋丛林使寻路问题引起越来越多的关注，科学家和设计专业人士努力去开发更好的手段和方法来使导航变得容易。

在现代社会中，我们经常使用颜色来定位周围环境。我们依靠颜色编码技术和基于颜色的符号代表（红停绿行）作为建筑环境中的导航。尽管寻路看起来像是一个相对较新的现象，但自人类发展以来它就是一个必要的功能。无论是在广阔的平原上狩猎还是聚集在茂密的灌木丛，人类都要离开家去寻找食物和水，因此他们必须设法找到回路。人类使用的方法包括使用路径信息，打破分支，追溯自己的踪迹，甚至使用他们的感觉机制等。因为在理论上，早期人类扮演着不同的角色，并处在不同的环境中，因此寻路的方法可能有不同的演变。

在世界中寻找自己是一个心理过程，具有高度的主观性和个人性。要成功驾驭环境，使它随我们而改变，我们必须对不同的刺激和对象不断地接收、处理、重新评估、回忆和反应。寻路作为导航的过程，包括三个主要行动：

1. 决定做什么和如何去做。
2. 开始行动。
3. 应用通过感官输入和认知过程获得的信息，换句话说，解决环境问题。

这些决策和过程是如何在大脑中分类取决于我们认知信息的检索方法。如图2.25，思维导图有助于人们寻路，这可以支持或限制建筑环境。例如，拥挤的通道无法适应交通流量，这导致寻路时缺乏参考点。

透视法图片的表示和抽象数据的表示是人们感知、理解和存储信息最常见的两种方法，有些人通过视觉形象或路标在头脑中创建地图，如图2.26。有的人利用实际里程和指南针方向、路牌等信息，也有人同时使用图片数据的集合。

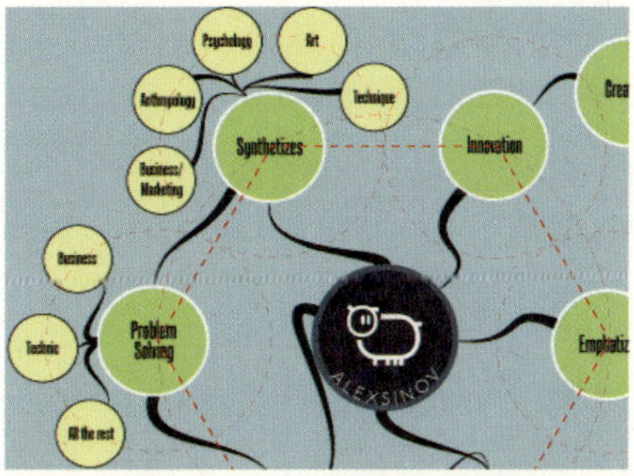

◆ 2.25
思维导图有助于人们进行寻路

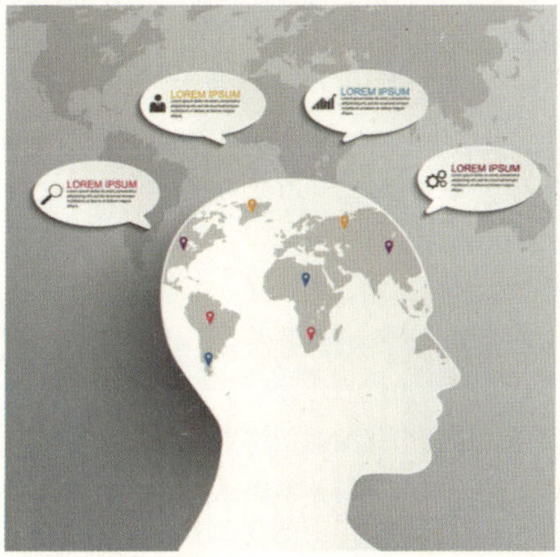

◆ 2.26
头脑中的地图

在总结关于寻路的讨论时，我们特别指出，一般情况下人们更善于寻路而非构建认知地图，这一观察结果可能在年龄段的两端表现得更为明显。尽管在前面我们已经提到过，孩子的认知地图可能存有缺陷，特别是他们的环境自我中心主义倾向，但学龄儿童似乎在寻路上游刃有余。我们已经基本把寻路视作一种认知任务，并把它与强调记忆的草图区别开来。另外，测量认知地图能力的许多方法，如草图法等，大都取决于绘图能力，而这种能力对于现实世界的寻路技能则不太明确或不常用到。最后，关于认知地图研究中要求被完成的任务的复杂性方面，有些人？尤其是孩子，对此会感到有一些压力或不安，不过当面对一个真实的场景时，他们反而表现得很好。

2.2 环境设计与社会文化心理

审美对环境空间设计的影响非常深远，它包括在设计中看到人类特点和象征意义的能力。在许多情况下，一个符号背后的意义非常强大，它可以美化一个原本糟糕的设计，使人们欣赏到它。另外，人和环境的关系和互动过程受到文化的深刻影响，并通常以经典的方式一代一代传承下来。因此，在本节中，我们将围绕着审美、符号以及文化等三个方面，介绍人与环境互动过程中社会文化因素对其的深刻影响。

2.2.1 审美

美与实用同样重要。生活本身就应该是美的，就应该是能够打动人心、唤起对美的渴望的。美是科技、艺术和生命的结合。生命创造了艺术，创造了科技，艺术和科技又在无形中提高着生命的质量，使生命更加美好。生命需要美，艺术需要美，科技更需要美。现在许多消费者已经慢慢地告别了只看重功能的年代，美在人们的心里成了一种需要，消费者需要产品具有情感，需要产品给他们带来生活的感悟，代表他们对美的追求。对于一件环境艺术作品，它所要解决的根本问题不是环境本身的问题，而是环境与人的关系问题。因此环境艺术设计中也应当考虑功能和经济以外的要求——这主要指的是情感方面或审美方面的要求。每一个人都希望自己所生活和生存的环境能带来心理上的愉悦。

人们已经开始从不同的角度欣赏美学和色彩（包括地域和文化）。正如北极文化用几十个具体的术语来描述雪，而旱生文化（居住在气候极度干旱的地方）有许多方式来描述沙。深受美学影响的人似乎对颜色和设计的细微差别更敏感。例如，时尚界使用许多名词来描述浅红色的衍生颜色，但对于大多数西方男性来说，粉色就是粉色，没什么变化。

当讨论建筑环境和人类行为之间的关系时，颜色和美学的作用往往是人们理解和深入讨论的最先主题。美学可以定义为有关美和艺术的哲学的一个分支。研究美学的基本前提是要了解什么是美，什么是美的理性和感性的判断标准，美的价值是什么。谈到美，我们对于环境的吸引力的判断是非常主观的，受到许多重叠的个人因素的影响，包括文化、年龄、性别和经验。

与性别角色一样，美学和色彩也在不断发展。但它们是根据时尚和趋势来发展的，而不是出于必要。虽然男女已经发展到能根据体力来分工日常家务，但有关美学和色彩的性别角色与社会规范似乎有更密切的相关。我们认为，美学是能体现和代表物理环境的价值观的。设计中有关美学的研究是为了识别、理解并创建能产生积极愉快反应的环境特征。

美学中艺术与设计的概念是无法区分的，美学的历史也表现出对形式的支持。有关专家确定了“形式”这个词与艺术和美学相关的5个用途：

1. 部分的安排或顺序。
2. 引起感觉的内容和排列。
3. 物体的边界或颜色和轮廓。
4. 物体的本质概念，也叫做“实体”。
5. 头脑对于感知物体的贡献。

美学中的色彩和轮廓的安排都会引起感觉，这些感觉来源于真正的或与思维形式关联的概念性的想法，这样就使颜色和美学相互交织、相互依存。颜色塑造环境，并强烈影响我们对环境的理解和感受。事实上，颜色对于美学非常重要，人们在早期人类的窑洞民居中发现了人类使用颜色的最早证据（来自赭石的粉状红色颜料）。但由于排列、边界和轮廓、个人意义、概念化和感官效果的美学“联合性”，美观性往往很难量化。因此，对于设计来说，古语“美在旁观者的眼睛里”是比较合适的。图2.27与图2.28表现的是不同艺术处理后的美。

◆ 2.27
油画之美

◆ 2.28
建筑物的轮廓之美

西方文化中，古希腊的研究院是最早开始研究感觉装置的。单词“aesthetics”是指与视觉刺激和愉悦感有关的想法，来源于希腊语“aetbetikos”，意思是感觉。从科学的角度来看，设计的关键是创造一种舒适的、让我们有愉悦感的环境，要求规划者和设计者要创建能引起愉快感并能满足功能需求的环境特征。证据表明，美学基本可以决定行为。然而，美观的设计和功能方面可能有一些冲突。有时候一些结构漂亮的东西没什么实际的用处，而最有用的那部分可能看起来不太美观。

设计美学有不同的物理和心理功能，物理方面是美学中的焦点，它聚焦于设计的这样几个组成部分：

1. 尺寸。形状、比例、规模、独特、照明；
2. 配件。宽敞、密度、神秘；
3. 复杂性。视觉丰富性、多样性、环境刺激的信息速率；
4. 其他。统一和清晰。

拓展阅读

根据美学测量这个办公室是否美观，从1到5给每个条日打分（1最低，5最高），在最后一栏写出你的分数并算出总分。

维度		
形状	这个房间的形状是否吸引我们?	1 2 3 4 5
比例	房间里的物品大小是否符合这个场景?	1 2 3 4 5
规模	家具和配饰是否符合房间大小?	1 2 3 4 5
独特	房中是否存在一些独特新奇的元素或部分?	1 2 3 4 5
照明	房中照明是否合适?	1 2 3 4 5
外部		
宽敞	房间是否宽敞整洁?	1 2 3 4 5
密度	在物体所占空间的关系中，楼梯-空间的比例是否充分发挥作用?	1 2 3 4 5
神秘	房中的元素是否会激发你的探索性?	1 2 3 4 5
复杂性		
视觉丰富性	有没有既有趣又不破坏房间整体风格的元素?	1 2 3 4 5
多样性	房间是否包含了多种物体或建筑特征?	1 2 3 4 5
信息速率	观察者能否以同样的速率记录房间的信息?	1 2 3 4 5
秩序感		
和谐	房间是否有一个统一的主题?	1 2 3 4 5
清晰度	房间和物品是否有明显的用途和功能?	1 2 3 4 5
总分		

总分65者认为房间是美丽的，总分接近39意味着它处于平均水平，总分低于39代表房间缺乏吸引力。记住，由于经验不同，每个人的审美观也不同。有的人觉得这个房间漂亮，而有的人就不这么觉得。进入这个房间，每个人都有不同的美学感知，这也决定了他们是否喜欢这个环境。

个体的审美能力和审美趣味的发展和提高受特定的历史条件的制约，作为历史发展的产物，在不同的历史时期审美趣味诚然是随着时代、社会的发展变迁在不断变化着的，技术工艺和自然科学发达所带来的生活变迁，使艺术中哲学意识、抽象理解和下意识的成分等因素都加重了。以我国古代的艺术审美观为例，无论是音乐还是美术，都崇尚线性思维，音乐几乎都是线性单旋律走向，美术作品也都强调线重于色，想象重于感知，讲究意境与内涵。而大众审美观则是艺术审美观的再现与延伸，民间俚曲也同为单声部旋律，民间年画、板画仍旧强调线条的流动与协调。艺术家引领的艺术审美思潮能对大众审美水平的全面提升有重大作用。笔者要提出的是，对于今天的艺术家来说，轻视并远离大众审美文化就意味着自我放逐、自我边缘化，因为没有一个艺术家只满足于等待能读懂自己作品的人出现，而是主动地与大众交流，不仅可表达出自身的创作思想与意图，还能表现出大众审美所期待的较高层次美感的内心需求。如果说要呼吁，那就是艺术工作者应一直对大众审美起到领头人的作用，引领大众更加成熟地、有水平地审美，而不是受某些利益的驱使，一味地迎合大众，不加选择与分辨地创造速成的艺术品。滥制的作品与快餐式的艺术消费，只能导致大众审美能力与艺术创造力之间的恶性循环，千万不要让那些萎靡、颓废了的文化思潮与思维倾向在生活中蔓延。要以日常生活的审美化为立足点，为新时代的文化变迁提供一种合理的说法与解释，并进一步提炼其中蕴藏的审美新经验，使之凝聚成人类精神发展的内在动力，这也正是新的历史时期人文艺术与大众文化的理论契合点，正如李泽厚先生所说：“原始积淀是审美，艺术积淀是形式，生活积淀是艺术。”图2.29为不同风格的建筑之美。

◆ 2.29 不同风格的建筑之美

2.2.2 符号

符号解读依赖于知觉完形理论，该理论假设人的认知刺激会影响他们的反应。符号解读已经超越物质世界而进入精神世界，这是对审美的补充，无论外延（如功能、风格）还是内涵（暗指一种联系，如允许的或禁止的），都是如此。符号来源于：

1. 自然：在设计中使用自然元素。
2. 保养：设计可以被维护。
3. 使用强度：特殊设计的强度和表现方式。
4. 风格：整体设计风格。

格式塔传统认为，如果两个人同时面对一个相同的刺激，他们的反应可能是不同的。因为他们的反应是基于各自的过去经验。例如，对于成长在一大一小两个不同规格的房间的个体，当呈现一个中等户型的房间时，以前住在大房间的人觉得很小，而以前住在小房间的人觉得很大。

18世纪中叶，法国哲学家德尼·狄德罗（Denis Diderot）了解到情绪体验可能很大程度上基于联系事物的能力。例如，一个伟大的诗人可以通过隐喻、类比、联想记忆来表达意义。在他看来，人们可以基于联想对某个地方或某个物品发展一种情感联结，这类似于刺激反应。

信息确实可以影响人们的行为。比如，某一时刻，当人们接触到某个关联刺激时会不由自主地出现哼唱、吹口哨等等行为。例如，汽车制造商本田在20世纪70年代后期有一个广告活动，广告语是“本田，我们使其简单”。这个广告是为了应对颓废的20世纪60年代和70年代，它预示着汽车行业的发展。广告很成功，大多数接触到它的人还记得这句广告词，甚至当别人只说了一个“本田”时，他们就把这个广告的事情讲给他们听。通过这种方式，我们可以看到社会和文化潮流的消息被一种贯穿时代的设计所引进和加固。无论是汽车、建筑还是城市风光的设计，自20世纪70年代之后，一个统一的标准就是简单、功能性和可靠性。发展到今天，我们的设计理念是绿色和环保。图2.30与图2.31均为当代绿色建筑。

◆ 2.30
华盛顿的太阳能Chuckanut Ridge House

◆ 2.31
采用可持续材料和节能系统的山顶自然之屋

识别客体并将它们作为理解环境的向导已经是人类进化和生存的核心。建筑研究人员已经确定了情景和活动场所之间的交互作用。因此，客体和场所作为图标或符号嵌入到我们的个人、社会和文化认同中，之后就产生了经验。例如，对于基督教信徒来讲，耶路撒冷就是一个具有象征意义的地方。理解一个位置或客体背后的意义涉及情感和认知过程，它们联合使我们对社会和文化的理解有了统一的意义。这种归因于位置或客体的方式可以被看做是一个图标或象征，但这仅是一种解释。

人们会根据个人观点和经验来解读图标或符号的意义。例如，美元符号与美国货币相关，这个符号有很多意义，代表金钱、资本主义和财富，在美国和世界上其他国家都比较通用。然而，在美国很少人认识用于表示英镑的符号，对于美国人来说它没有什么显著意义。因此，符号的解释依赖于族群以及他们赋予符号什么样的意义。所以，我们认为符号是多组人之间共享信息的有效方式。

设计中有很多符号代表沟通潜模式。例如公报中一般都含有大量信息，包括信任和社会地位的水平和程度，在某种程度上也有助于寻路。所有这些符号都是我们组织生活的强大的物理指标，而不仅仅是一个行为发生的背景。这些符号代表了潜在的价值观、信念、哲学和期望，它将价值观和社会规范结合起来影响行为，它提供了一种参考框架，促进抽象概念的讨论，并集情绪、认知和行为规范成为一组共享的系统。

在前面的例子中所确定的符号是通过社会规范形成的。还有其他符号，是有关文化和宗教的。例如华盛顿州雷尼尔山、澳大利亚艾尔斯巨石或加州红杉都被认为是有宗教象征意义的。在现实生活中，我们对非常高或体量非常大的建筑叹为观止。如图2.32，台北101大厦是世界上最高的建筑之一，它是台湾人民的骄傲。同样，如图2.33，凯瑟琳大帝的冬宫和夏季宫殿也是巨大的建筑物，它们也使俄罗斯人民感到骄傲。庞大的建筑一般是雄伟壮观的，会让我们觉得自己很渺小。或许这也正是人们对于大的自然属性心怀敬畏的原因，庞大的体积传达给我们的信息就是力量。

◆ 2.32
台北101大楼

◆ 2.33
凯瑟琳王室宫殿

拓展阅读4

假设这样一种情况：想象你穿过一组高玻璃门，进入到位于繁华地的办公大楼。当你靠近门的时候，已有穿着夹克、戴着帽子的保安门卫为你打开了门。你周围的人都带着不同的包，有的是钱包，有的是电脑包，也有的看上去像公文夹。这些人都穿着黑色、深蓝色或灰色的西装。玻璃门内是一个铺着大理石的巨大空间，有咖啡站，还有一个小便利店。接着你走进一个漂亮的电梯，电梯里放着舒缓的轻音乐，里面的人们看起来都那么干净整洁。电梯停在17层，你走出电梯，看见一个深黑色的木门。你打开门，看见一个穿着西装、妆容得体的妇女坐在一个非常大的桃花心木桌后，带着无线耳机。这位妇女的头部上方，是一幅红木镶嵌的黄铜画，描绘了一个被蒙住眼睛的女人抱着一个天平的场景。

在这个例子中，有一些符号使人们得出一组结论，这些符号包括：

1. 位置：繁华的中央街区。
2. 建筑：有高高的玻璃门的巨大建筑。
3. 设施：穿制服的保安和专业的服务。
4. 人：人们穿得衣服和配饰。
5. 室内设计：木门、大理石地板、电梯。
6. 图像：一个被蒙住眼睛的女人抱着一个天平的黄铜画。

2.2.3 文化

文化首先是地域性和群体性的，文化心理研究的基本问题有地域文化心理特征、比较文化心理特征、跨文化比较心理特征等等。文化和多样性是自我认同的两个重要组成部分，能够定义“我是谁”。然而，许多北美人认为多样性仅存在于种族中。文化是社会多元化的重要组成部分，那我们如何定义文化呢？例如，菲律宾人典型的体格特征都与亚裔人有关，但他们大都信奉天主教，所以从文化意义上讲，菲律宾人更类似于拉丁裔人口。然而多样性不仅仅是指种族和宗教，它也体现在语言、性别和性取向上，它甚至可以包括设施和装饰等物理多样性。

人类学家认为，人们将建立和维护文化作为处理日常问题或情况的方法。因此，文化使我们能够预测世界、理解环境，并坚持自我保护。我们通过给物体、事件、人等赋予意义来使世界看起来没有那么神秘和可怕，也许文化最重要的组成部分就是人们日常生活的方式。这包括人们如何与他人互动，时间如何影响他们的态度和行为，以及他们如何努力解决冲突。简而言之，这是我们感知世界的价值体系。一般来说，文化是基于家庭结构、社会角色、规范礼仪、宗教信仰和其他人的影响来定义的。对许多波利尼西亚岛上的居民来说，家庭结构就是母亲和父亲具有同等的地位。而在菲律宾文化影响中的人们，尤其是成年男性，在被提供医疗服务、需要裸露的情况下，他们更喜欢让同性别的医生来。因此，这个价值体系会影响人的认知和后续的感觉。

文化在许多方面是对一个团体的知识、经验、信仰、价值观、行为、态度、意义、阶层、宗教、时间观、角色、空间关系、宇宙的概念和一代代人努力得来的器物的编译。一些常见的文化取向包括人们如何与他人互动，如何感知自己的成长，如何看待物质和精神世界之间的关系问题。例如，当与他人建立联系时，人们可能会从自身角度、从家庭和团体的集体观点或从社区和部落的集体观点来看待这样一个已经形成的关系。因此，如果我们想要帮助促进身体和心理的健康，以及安全和福利的话，就必须仔细考虑各种建筑环境的文化背景因素。

例如，人类对颜色的认知和反应在某种程度上取决于我们的文化信仰体系。在欧洲文化中，新娘穿白色（如图2.34），哀悼者穿黑色，而在亚洲文化中，新娘穿红色（如图2.35），哀悼者穿白色。日本进行了一项有关颜色偏好的研究，发现色相更多地与感知温暖有关，饱和度（无论色相如何）更能代表我们偏好哪种颜色。此外，研究还发现明度和亮度（无论色相如何）似乎与感知房间有关——明亮的颜色会让人觉得更新鲜、更愉悦。

◆ 2.34
西式婚礼

◆ 2.35
中国传统的汉式婚礼

2.3 环境设计与个性、群体心理

人类的经验与建筑环境的关系开始于早期狩猎采集者对他们居住环境的适应，这是一个不断发展的过程，这些适应性特质是根据性别和性别角色划分的。一般认为男性应该去狩猎和保卫村庄，而女性就应该收集食物和照顾孩子。不同的角色在面对同样的经历时会有不同的看法，其中可能遗传是很重要的因素。我们需要在设计上关注男性和女性的属性。同时，个性会影响认知，就是说不能完全遵守性别规范。因此，我们必须根据个性来考虑阳刚与阴柔的特点，例如很多女性有竞争力和行动力（通常认为这是男性特征），而许多男性擅长合作和培养（通常认为这是女性的特征）。所以我们要更好地了解一个人的偏好，这样才可以提供适合那个人的设计。此外，要想对设计有信心，应该先调查人类的空间行为，而且这些发现必须应用于实践中。规划者和设计者必须意识到拥挤的认知和评价是依据个人经验、环境、信仰体系与个性的。已有研究提出，人在水平和垂直两个维度下有空间需要。

2.3.1 性别

常言道，男女有别。男女两性有着不同的行为方式和心理需求，因此，在环境空间设计时不能忽视性别间的差异性。性别因素对环境空间的感知和需求的影响，在一定程度上具有某种规律可循，通过对这种规律的探索和熟练运用，可以更好地提高人们对环境空间设计的满意程度。

性别角色

一般认为，男性要比女性强壮，因为他们有更多的肌肉。在古代狩猎社会，男性狩猎动物而女性收集水果、蔬菜、树根等可食用的植物。原始人常被视为好斗的、有竞争力的，其主要的角色就是作为猎人或士兵，能够杀死动物作为食物和保护团体。在这些团体中，雄性通过建立亲密关系形成一个侵略群体来征服他人。在团体当中，他们也经常为最优越的待遇、最好的武器或最理想的女性而竞争。

狩猎通常发生在开放的大草原和平原，那里视野开阔，几乎没有障碍物。雄性会在一个大范围内找一个最佳位置，然后独自或成对地等待猎物。因为他们的主要任务是杀戮，所以必须能够排除一切干扰刺激，毕竟，追踪猎物或敌人时他们需要高度专注于当前的任务。这也许可以解释在一项研究中，男性在噪音条件下做心算的成绩要好于女性，因为男性能更好地屏蔽分心刺激而专注于一项任务。

原始女性被当做是繁殖者、养育者，她们关心和照顾与家庭有关系的所有人。照看的道德理论就是从这里进化而来的。该理论认为，重视关系维持和照顾他人的需求是一个女人的天性。据推测，原始女性能够在有限区域内处理无数任务，这或许可以解释为什么现代女性比男性更倾向于使用合作的方法。她们也更能容忍别人，比如当孩子入侵她们的个人空间时。

女性通常会以小团体的形式在森林和丛林中寻找植被，这些密集和复杂的环境限制了外围和远距离的视野，但促进了语言交流。女性有很多任务，她们负责生育和培养后代，生火做饭、提供衣服和医疗保健，并与团体内的其他女性共同执行其他职责。图2.36与图2.37为性别差异下男女对领地的态度。

◆ 2.36
男性通常无法容忍他人侵犯自己的地盘

◆ 2.37
女性往往会和孩子分享住所

性别和知觉

无论如何，现代男人和女人感知、理解和描述环境还是存在差异的。这可能是因为人类心灵进化的速度慢于科学技术，因此，男女双方继续，至少在某种程度上，还是根据原始的本能来对待环境。尽管目前有关高密度条件下的性别差异的研究还不一致，但传统的研究表明，男性和女性的行为影响反应，因为女性社会化是有亲和力的（如，与他人联系、增强社会凝聚力），而男性是竞争的和独立的。因此，性别角色社会化仍然基于早期人类的主要性别角色理论。

一般来看，女性倾向于合作，避免与人直接竞争，但这并不是说女性不参与间接竞争。她们也会享受支持和促进社会联系的活动。男人喜欢低密度空间，女性则喜欢大家都聚在一起，这可能有助于解释许多女性在复杂的环境中也愿意帮助有需要的人，而男性往往只在简单的环境中提供帮助。另一个例子是，不论别人快乐还是悲伤，女性都愿意靠着他们坐，而男性只对那些看起来高兴的人有反应。

男性往往不喜欢“辩论”和“讨论”，男性是以行动为导向的，他们需要更多的个人空间。而女人似乎能更好地应对高密度环境。有趣的是，这种对个人空间的需求早在5岁时便可以看到，尤其当男性在天花板较低的房间内时表现得更为明显。

在很多社会中仍然存在以某一性别为主的职业和环境。男性和女性虽然有一些生理差异，但也有男性可能有较强的女性人格特征，而女性有较强的男性人格特征的情况。因此，一些针对特定的性别取向的设计，如消防队或美容院，设计师必须超越简单的关于性别的想法，而要考虑人格特征（这将在本章的后面部分进行讨论）。

男性和女性也用于描述文化价值观方面的自信或社会支持行为。一些研究已经表明，人们如何感知颜色可能与染色体的遗传特征有关。心理学研究发现，男性和女性有不同的颜色感知。这可能是由于在检测颜色的属性时男女生理上存在差异，或者是感知和检测颜色的能力进化的结果。人们认为原始的女性需要能够分辨出两种不同深浅的红色浆果来确定可以食用哪种浆果，而在开阔的草原和阳光直射（往往抹掉颜色之间细微的差别）下的原始男性并没有进化发展更高层次的颜色感知。

性别和空间

本能、遗传记忆和社会化在人类发展早期影响性别行为的程度一直被大家讨论。一项针对幼儿园和一年级学生的研究发现，男孩更喜欢简单、大的空间。随着男孩的成熟，他们对个人空间的需求不断增加，直到成年早期这种需求才趋于稳定。一项针对5岁到18岁男性和女性的研究发现，较年长的男孩比女孩有更大的人际距离，但是小孩子没有这种性别的个人空间差异。然而，其他研究人员发现，4岁时男孩会跟其他男孩保持更大的距离，而女孩不会改变她们与其他女孩的距离。

大量研究表明，一般男性之间比女性之间保持更大的人际距离，男女之间保持最小的距离，但这都取决于社会关系和文化。例如，在拉丁文化中的男性维持的人际距离远不及北欧男性。一般来说，女性往往在较近的社会距离中感到更舒适。这证实了一些研究的发现，即当男性的人际距离缩小时，他们的舒适水平下降，而当人际距离增加时，女性的舒适度会下降。然而当与陌生人交流时，同性之间的人际距离小于异性。

一般来说，在与朋友聊天时女性往往站得都比较近。理解这些性别差异可以帮助我们设计一个空间，在这个空间里，不管男性、女性还是男孩和女孩，每个人都能在社交场合表现得当。有趣的是，有实验发现，当男性和女性在电梯里时，男性更愿意站在没有眼神接触的陌生人旁边。而女性更喜欢与有眼神接触和面带微笑的人接近。电梯里的人通过减小动作、避免目光接触、避免大声谈话来尽量少侵犯私人空间，如图2.38。

◆ 2.38
电梯是体现性别差异的绝佳空间

这些原始的性别角色可能有助于解释为什么男性在应对

长期的、高密度的情况（如监狱）时比女性表现出更多的攻击行为。例如，当密西西比的一个监狱中囚犯人口减少30%时，犯人的人身攻击减少了约60%；后来，当人口增加了19%时，攻击行为增加了36%。

2.3.2 性格类型

性格类型与设计

从设计的角度来看，我们发现，性格特征往往通过建筑环境以及整体环境风格中发现的艺术品的数量和类型来表达，比如个人会开发一种能反映和加强自我认知的环境。很多时候，其他人获得我们的情绪、情感的第一线索就是我们选来装饰个人空间的颜色。有的人会为家里选择明亮的对比色而不是柔和的中性色。总的来说，人类努力创造环境来满足他们的个性和情感需求。很少有人意识到，我们创建的或休闲或规整的环境也能塑造后代的性格和未来。

设计师努力了解了客户的性格就会更易于与客户交流，因此能完成最合适的设计，从而更好地满足客户的需求。有许多方法来确定人格特质，最著名的两个是大五人格和迈尔斯-布里格斯类型指标。

大五人格类型（BFI）是由奥利弗·约翰（Oliver John）提出的，他通过分析了如何将不同人格特质联合起来定义某些人的品质。迈尔斯-布里格斯类型指标（MBTI）扩展了由卡尔·荣格（Carl Jung）发展的包括四个主要的个性二分法的人格类型。

表2.2 个性组件和相关的设计偏好

性格类型	人格特质	设计偏好
内向	谨慎的	渴望安全或隐私，喜欢封闭的家具排列
外向	社会的	渴望互动或刺激，喜欢开放的家具排列
感觉	细节定向	重视实用性，会仔细观察设计的细节和功能
直观	本能的	喜欢复杂的、有创造性的环境，由直觉引导
思考者	理性的	根据成本效益比和广泛研究的要求来评估设计
探索者	和谐的	价值观和谐、尊重专业,但严重依赖于设计师提出正确问题的能力
判断者	苛求	有很高的期望和常规设计偏好
观察者	非常规	重视独特性和创新，但做出决定和坚持决定可能会有困难

大五人格类型

大五人格类型（BFI）是由奥利弗·约翰提出的，他统计分析了不同的人格特质是如何联系在一起来定义某种人类品质的。大五人格是对在人群中普遍出现的特质分析的结果。例如，热情善良被认为是与宜人性相关的，但也有人是善良的但并不热情。每个人都很独特，也有很多变化发生。然而，研究统计表明，大多数善良的人都是热情的，这也解释了为什么宜人性有很多的因素。理解五大维度的关键是要认识到它们是很广泛的，每个维度也包括更具体的特征。BFI的维度：

1. 外向性，包含一些特定的特征，如爱说话、有活力、有自信。

2. 宜人性，包括一些特征，如同情、仁慈和爱。

3. 责任性，包括组织、全面、能够制定计划。

4. 神经质（有时反过来也称为情绪稳定）的特点包括紧张、情绪低落和焦虑。

5. 开放性（有时称为智力或文化）包括兴趣广泛，并富有想象力和洞察力。

2.3.3 群体影响

人是社会性动物，人的生存和繁衍对群体的依赖非常大，群体因素悄无声息渗透在个体生活的方方面面。人对空间环境的感知不可避免地受到周围人群密度以及人群行为的深刻影响，尤其是从众现象的研究，对环境空间设计有着非常重要的启示作用。

密度与拥挤

我们往往把拥挤的人群看做是负面结果（暴民的破坏性或狂乱的体育迷），但人群中的这种兴奋性可以感染人，甚至可以帮助最固执的人找到乐趣，释放内心的紧张感。群体的主要特征包括成员的匿名性和易受暗示性，以及群体行为的不可预测性。在这种群体中，个体的情绪会加剧、放大，唤醒程度增加，人们开始失去个性，并积极参与到群体思维中。当情感强度达到一个疯狂的状态时，情绪就变得不稳定了。例如，在一群球迷中，当热情开始传染时我们可以看出个人空间的边界几乎是没有的。在这种情况下，群体是有高度影响力的。人们的行为往往不是个人的而是群体的，群体内的情感分享可以升级到疯狂的状态，从而淹没整个团体——这就导致了以往在夜总会、音乐会中出现的踩踏死亡事件。

有趣的是，在实验室环境中，在应对高密度情况时男性比女性表现得更消极（即男人的情绪、态度和社会行为更敌对）；在现场研究中，若男人处在高密度环境下，他通常会离开这个环境。

可以看出，如果没有逃脱的方法，女性能更好地处理高密度的压力，女性比男性更能容忍别人入侵个人空间。但一项研究显示，只有当年龄、种族和性别发挥作用时，性别才会影响个人空间。

理解男性和女性解读和应对高密度情况的不同的方式可以帮助设计师更好地了解不同性别群体的需要。除了公共厕所，大多数环境都是开放的，因此，团体的设计将影响最大。例如，为了适应男人增长的高密度感知，对许多人来说，一个空间中的大门两侧应该有多个入口点和出口点。同样，空间规划过程应确保墙壁和家具之间的间距足够大以容纳多个个人空间区域。降低空间密度感知的其他方法包括使空间显得更大，比如增加自然光，使用镜子、较高的天花板和通畅的大窗户等。如图2.39与图2.40的空间环境让人感到舒适。

◆ 2.39
比利时Bed & Breakfast旅馆

◆ 2.40
“食屋”项目前身作为餐厅对外营业

人口密度并不代表拥挤程度，拥挤是一个主观的术语，指的是情感基础上的心理或感觉。这种情感的产生是当我们认为自己的身体被约束或者别人干涉我们时自己的经验。当狭小的空间里有太多人的时候这种感觉就更强烈了。简单地说，密度是个人对某一特定区域的数学比例的计算，但它不能用来测量或计算拥挤。社会密度是指不同数量的个人占据一个固定的空间，而空间密度是指固定数量的个人占领不同大小的空间。

私密性

心理学家认为，隐私是对别人进入我们的空间、团体或环境的选择性控制。隐私涉及到的不仅仅是物理通道的控制，我们的视觉、听觉、嗅觉或信息隐私也可以被侵犯。关于隐私有许多不同的解释，因为人们需要调节接近别人的方式，他们表达这些需求的能力受到文化、性格、性别、经验和生活阶段的影响。例如，年幼的孩子不需要太多的隐私。我们通常根据自己的实际情况改变我们的隐私需要。

心理学家艾伦·威斯汀（Alan F.Westin）描述了隐私的4个方面：独处、亲密、匿名和备用。

独处是指独自一人，摆脱物理入侵的状态。虽然大多数人将隐私与孤独联系在一起，但孤独并不总是等同于隐私。例如，许多老年人独自生活不是为了确保他们的隐私，而是因为他们认为独处是在一群人中独自一人的状态（如在瑞士的鲁宾逊家族，在海难之后岛上的家庭成员是孤独），而隔离是没有其他人在附近的独自一人的状态（如鲁宾逊在最初几年是一个人，没有其他人的陪伴）。

亲密是指小团体隐私和情感纽带（例如，恋人想要单独在一起），亲密会处理视觉和听觉的入侵（例如，当一对年轻的夫妇在公共场合秀恩爱时，若有人盯着他们或对他们指指点点，这都会让他们觉得被打扰）。亲密包括两种心理形式：与朋友的亲密，以及与家人的亲密。从每种形式获得的亲密水平和类型高度取决于一个人的性别、文化和生活阶段。例如，青少年更有可能和一个朋友分享私人的想法，而向家庭成员展示私人的弱点。

匿名是对其他人无形的或未知的一种状态，是一种一般的隐私形式。一般匿名的人都不想亲自参与互动，也不希望被识别。

备用是指人们在自己和其他人之间创建的距离。在公共或私人的地方，人们通过建立心理壁垒来保护内心的想法和感受，比如我们经常会说“我认识他们很多年了，但是我真的不了解他们”。

隐私的观念在很大程度上取决于我们的文化背景、社会经济水平、个性和当时的社会规范。对一些人来说，隐私是一种行为的预期，而对其他人来讲，隐私是个人价值、偏好或需要。阿特曼（Altman）认为隐私是与空间有关的人类行为过程的中心，他提出四个人际控制机制，通过它们可以调节人们的隐私，分别是个人空间、领土、言语行为和非言语行为。温斯顿（Westin）描述了隐私的四个基本功能：调节或保护通信、促进控制感、允许集成关于我们和我们的关系的信息，以及允许情感释放。皮德尔森（Pedersen）认为隐私是人的基本需要，有六个促进功能：持续思考、恢复活力、创造性表达、复苏、自我隐蔽和隐蔽不当行为。吉福德（Gifford）和普瑞斯（Price）指出隐私影响我们学会如何适应空间，在我们的发展过程中是很重要的。利用这些想法我们可以推断，那些被剥夺了过多隐私的人会感觉他们对自己的生活缺乏控制感，这可能会导致不断依赖他人，并产生习得性无助。

隐私可以由言语、非言语认知环境、时间和文化机制控制，它也可以被经济控制。例如，富人大多数时候可以很容易地排除“他人”，如图2.41为上海滨江凯旋门位于陆家嘴核心地段，紧靠黄浦江，是由新鸿基地产打造的豪宅，单价超过汤臣一品，成为上海单价第一。而许多中等收入的家庭会选择居住在有门卫的社区，这样隐私方面可以有所保证，但低收入者往往很难确保自己的社会和身体隐私，因为他们往往居住在密集多户房或避难所。如图2.42为内蒙古包头市东河区北梁棚户区，旁边是大片正在建设的、用来安置棚户区迁出居民的保障房。

◆ 2.41
上海滨江凯旋门

◆ 2.42
内蒙古包头市东河区北梁棚户区

表2.3 人际距离区域

个人空间区域	描述	
亲密距离（0~0.45米）	密切联系的人（如爱人、亲密的朋友、家人）	这个领域中的视觉是最小的，这意味着我们将不得不更多地依赖于嗅觉和触觉。我们往往不会去接近我们不亲密的人，因为这样会让我们感到不舒服
个人距离（0.45~1.4米）	熟悉的朋友或联系密切的人（如友好的熟人、同部门的同事、俱乐部或类似组织的成员）	在这个距离，触觉是最小的（握手时除外），视觉和听觉变得重要。这是我们用来与朋友互动的距离。在这个范围内，正常的谈话很容易发生。我们可能会对陌生人进行外部限制，为朋友进行内部限制
社会距离（1.3~3.75米）	彼此认识但不真正了解的人（如朋友的朋友、泛泛之交、其他部门的同事）	这个距离包括正式的社交互动，如商务会议、面试，或顾客-商家的互动
公共距离（大于3.75米）	那些同一时间在同一地点的人们。在公共场合，我们通常更喜欢在自己与陌生人之间保持尽可能多的空间，当违反了这个距离的时候，我们会感觉拥挤（如在同一站台等待火车的两个人）	在这个距离有小细节参与交流。演讲者（如演员、政治家）只有一种方式与听众沟通

从众

从众（Conformity）指个人的观念与行为由于群体的引导或压力，而向与多数人相一致的方向变化的现象。从众是日常生活中一种普遍存在的社会心理和行为现象。在消费领域中，从众现象表现为消费者往往不自觉地追随大多数消费者或是某一特定群体的消费行为，选择与他们一致的产品。这种因群体影响而遵照多数人消费行为的方式在“消费行为学”中被称为从众消费行为。例如，人们会选择市场上比较主流的品牌，会偏爱在人比较多的地方购物，会选择流行的产品款式和色彩等。

社会心理学认为，群体对个体的影响主要是通过“感染”来实现的，即个体在受到群体精神感染的暗示或提示下，会产生与他人行为相类似的模仿行为。同时，各个个体之间相互刺激、相互作用，形成循环反应，从而使群体中的个体行为趋同。

形成从众消费行为的原因很多，主要包括：一，行为参照，就是人们在许多场景中由于对如何进行适当的行为举棋不定，需要一定的引导，此时多数人的行为会成为比较可靠的参照系统。例如许多人面对同一类产品的不同个体时，不知该如何做出选择的时候，他们常常会询问已经使用过此类产品的其他人的意见，以此作为参考。二，对偏离的恐惧，即在群体中，与多数人意见一致的成员容易得到群体的接受、喜爱，而偏离群体的行为则会面临巨大的压力甚至排斥。例如在20世纪七八十年代，穿牛仔裤会被视为有伤风化的行为，因此很少人会穿牛仔服，而几年后牛仔裤就成为了非常普遍的休闲服装，为大众所接受。三，对群体归属感的渴望。个体乐于顺从他所趋向的群体的选择，以期待得到这个群体其他人的赞赏和认同。在社会心理学中，这个群体被称为“参照群体”，它是个体思考、行为和表现的参照点。许多产品广告会利用这个原理来宣传产品，比如寻找参照群体中的典型形象做产品代言人，在广告中运用参考群体中的权威，或是使用大量的统计数字，这些广告的言外之意不外乎是：“购买这一产品吧，因为这个群体的人都在使用它。”

从众现象对于消费者的消费行为能产生极其重要的影响，在一定程度上决定了产品及设计风格的走向，由此对产品的设计开发能够产生巨大的作用，是设计心理学中值得重视的一个研究课题。

从众现象对设计最为显著的影响就在于其对设计风格的形成及流行具有巨大的促进作用。从众是社会流行的主要心理基础，其他与之相关的因素还包括模仿、依从。社会流行是指社会上在一段时间内由于追求某种行为方式而愿意一起行动的心理强制。社会流行的范围十分广泛，包括了物质流行、语言流行、行为流行、思想观念流行等，其中与设计心理学密切相关的主要是社会流行在消费领域中的反映。图2.43为美国白宫政府大楼，为效仿之气派，如图2.44，中国很多地方县政府的办公大楼模仿其建筑样式。

◆ 2.43
美国白宫

◆ 2.44
中国某县政府办公楼

这种反映表现在两个方面，即某种产品的流行和某种设计风格的流行。从众对流行的影响表现为当某种新产品或是新风格投放市场，一小部分意见先导者首先开始带头尝试，其他消费者接受意见先导者的信息，对该产品或风格产生认识，开始接受，由羡慕、欣赏进而效仿。经过前面讨论过的相互感染、相互作用的过程，最终形成流行。当进入流行的高潮期后，大部分消费者卷入流行中，把此类产品或风格推向高潮，高潮过后，人们的兴趣就会逐步转移，转向另一产品或风格的流行周期中。基于这一原理，设计师在设计产品时应充分考虑当时该产品的流行风格，针对所处流行周期的不同阶段来制定不同的设计方案。例如当一种风格还处于酝酿、发展期时，应该在设计中考虑进行基于这种风格的设计；而当这种风格正走向高潮期时，则应该考虑转向其他风格的方向进行设计，注意捕捉能够诱发流行的契机。

其次，从众现象在产品设计中的影响又可以被区分为两类，一种是追随性从众，另一种是竞争性从众。追随性从众是指人们受社会潮流的影响，而追求某一流行产品和产品设计风格的行为。在这种情况下，消费者会顺应社会流行，使自己的行为追随大多数人的行为，也就是最单纯的绝对从众行为。然而事实上，在物质文明高度发展的今天，这种绝对的从众已经比较少见了，消费者迫于群体的压力，及对群体归属的渴望而保持着从众的倾向，但他们又不满足于千篇一律的单调乏味，将个性、独立性作为挑选产品的重要考虑方面，这样，竞争性从众现象就出现了。它表现为人们一方面有服从群体的引导、缓解群体压力的需要，而另一方面又有追求个性，强调其独立个性的倾向。在这种前提下，消费者会在遵循其趋向的社会群体的共同规范和文化习俗以满足其归属感的基础上，又追求创造性，期望在品位上超越他人，成为与众不同并受到瞩目的独立主体。例如在购物中，许多消费者会选择与他们朋友品牌一样的产品，以确保在群体中被接受和赞赏，但他们又会选择不同的颜色或是其他款式，以体现他们的独立个性。

调查目标

1. 举例说明知觉是如何影响设计过程的。你又会如何将这些影响呈现给客户，以便他们做出更好的选择?

2. 讨论在公共区域使用错觉设计的优点和缺点，在设计中能否使用错觉产生积极的影响？为什么理解错觉效应很重要?

3. 讨论内控型客户与外控型客户在面对拥挤而隐秘的设计时有何差异。

4. 提出一个公共区域的设计，能够同时包括形式美学和符号美学。介绍你的设计中采用的方法，并让公众也有一个平衡的感知。列出你的想法并讨论你的设计中的可能方案。在评估后你会做出改变吗？如果会，你会改变什么？为什么?

5. 设计两个餐厅:一个是典型的男性个人空间，另一个时女性个人空间。绘制平面图来特别强调每个设计方案的独特点，并对二者的差异写一个简短的说明。

6. 拍下或画下10个能够表明当地方向的符号（不要以街道名称作为符号,因为这些都是标签）。确保你的图片不显示设置。给你的朋友展示图片,看看他或她在没有背景的情况下能识别多少符号。

PART 3

针对不同人群心理特点的设计

不同人群由于具有不同的心理特点，对环境的需求也不尽相同。如果我们有针对性的，按照不同人群的喜好及行为特点来进行环境设计，这样无疑将提高环境的质量与舒适性。本章节将以人群为目标，重点讨论不同人群的心理与行为，以及他们对环境的需要。

3.1 未成年人群

不同的环境对儿童的影响不同，婴幼儿在成长的过程中需要丰富的物理刺激和情绪刺激，个体和环境之间会有互动和相互促进的关系。简而言之，外界环境在某种程度上会影响所有人的行为，其中孩子受到环境的影响是最大的，因为他们正处于从完全不能自理的婴幼儿成长为能够在不同环境中生存的年轻人阶段。表3.1明确地表示不同年龄阶段的孩子，由于生长发育的不同，需要不同的环境设计。

表3.1　孩子的不同发展阶段

发展阶段	主要特征	推荐设计
胎儿期	从受孕后第八周到出生，是孩子生长发育最快的时期	减少母亲接触到致畸源、过敏源的机会
婴儿期	开始注意到一些事物的因果关系	设置一些会对孩子的行为做出回应的物件（例如乐器、会发出响声或会转动的毛绒玩具等）
幼儿期	认知能力和简单运动技能的发展，孩子们开始符合性别刻板印象	设置一些有时间意义、可促进简单运动技能的物件（例如，开始、中间、结尾，或是其他可应用的相关概念）
儿童期	孩子开始理解别人的想法，并理解别人可能会经历不同的事情。6岁的孩子对性别比较敏感，并希望外部世界符合他们的性别认同	设置或与孩子的梦想有关的空间

专家认为，个体的初级发展阶段主要包括胎儿、婴儿、幼儿、学前儿童、儿童、青春期前、青春期。我们需要先理解儿童的不同发展阶段，以儿童的视角看待问题，从而更好地理解环境对儿童成长的影响。

3.1.1 胎儿期与婴儿

从胎儿到婴幼儿是人体感官系统发育的重要时期，同时也是感知环境的关键时期。婴幼儿需要足够的环境刺激以更好地发展情绪、智力、身体，这能有效的帮助他们培养健全的环境认知能力。

胎儿

我们生活的第一个环境是母亲的子宫。在子宫里，胚胎和胎儿阶段的生命发育得比其他任何阶段都快。虽然胎儿生活在子宫里，但是在生长发育的过程中，准妈妈对接触的环境所产生的情绪、生理上的变化都会直接影响到胎儿。在这段时间，胎儿的第一个自我保护和学习的能力就是感觉。

拓展阅读

五大感觉（视觉、听觉、触觉、嗅觉、味觉）在妊娠期很早就开始发展，研究者认为，早期发展的感觉能力会帮助胎儿提前开始适应外界环境。在这个发展阶段，胎儿的经历和母亲的经历交织在一起。母亲对环境的感受通过神经中枢所分泌的神经介质直接影响胎儿的生长发育。同样的，胎儿也需要丰富的刺激以“武装”自己，以应对即将到来的外部世界。

大约在第8周，身体触觉感受器开始发育，其中包括手、唇、脸、颈、舌、手指、脚和生殖器官。

拓展阅读

有研究表明，28周的胎儿已具备嗅觉，他/她能够感受到不同环境的气味（例如烹饪、香水、糖果等）。妊娠第26周，胎儿的视网膜就基本发育完全。虽然胎儿在母亲子宫里并不能看出任何形状，但他/她能够感受到明和暗的区别。然而，由于在子宫中缺乏光照刺激，眼睛和视觉皮层之间的连接还未建立，在这个时期，孕妇要尽量避免将其腹部暴露在强光照下，因为这可能会损伤胎儿正在发育中的眼睛。

第8周开始发育的还有胎儿的耳朵，到第27周，胎儿就能听到一些更复杂的声音了，比如，母亲的说话或是其他外界的声音。

拓展阅读

有研究者认为，新生儿对高音较为敏感，即其听觉范围更广。这种在低音环境中对高音敏感的能力或许能够帮助胎儿更好地感受到母亲，又或许高音在母亲的肉体或羊水中更容易传递。所以，这一音高范围的声音更有助于听觉系统的发展。

胎儿的这些生理发展特点给设计者的提示是，轻松舒适的环境对胎儿的发育有所帮助。这个环境应该让准妈妈感到可以舒适地给腹中的孩子读书，如图3.1；还应该加入一些自然的香味，比如水果、香料、花卉等；还要注意能够随时播放舒缓的背景音乐。这类环境的另一个要素是早晨的阳光。这种阳光不一定一整天都要那么明亮，但要让婴儿不仅能感受到光照本身，还要感受到阳光的温暖，如图3.2，充满阳光的房间会使孕妇感到舒适与温暖。

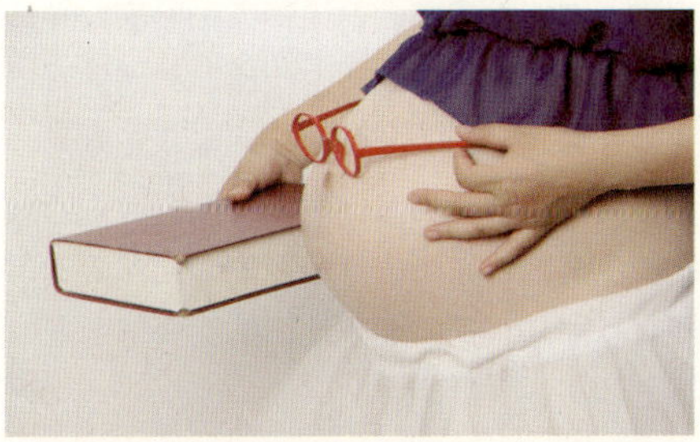

◆ 3.1
给腹中孩子读书意象图

◆ 3.2
明亮的阳光洒满房间

婴儿

婴儿时期在人生中是第二个发展最快的时期。大部分哺乳动物在出生后几小时内身体机能就会发育完全，但是人类婴儿刚降生时只有基本的生存机能，需要较长的时间接受环境刺激以发育完全。婴幼儿感觉系统的发展主要包括4个基础阶段：感觉运动阶段、前运算阶段、具体运算阶段、形式运算阶段。这些阶段的认知发展特点如下：

1. 感觉运动阶段（婴儿时期）：这一阶段的智力是通过运动活动证明，而无须使用符号。这个阶段婴儿对世界的认识是有限的（但还在发展中），因为它基于身体的相互作用/经验。在这个阶段，婴儿获得物体永恒性（概念）、身体发展（迁移）以及一些符号（语言）的能力。

2. 前运算阶段（婴幼儿时期）：孩子在这一时期通过使用符号（语言能力提高）记忆、想象来证明自己的成长。具体而言，孩子往往表现出自我中心（即世界是由自己引申开来的）和思维非逻辑、不可逆性的特点。

3. 具体运算阶段（儿童期和青春早期）：这一阶段的特点是抽象思维的发展（数、长度、液体、质量、重量、面积和体积的概念）。智力是通过操作思维、对具体对象的符号进行逻辑而系统的操作展示出来的（即心理行为成为可逆的，以自我为中心的思想开始减少）。

4. 形式运算阶段（青春期和成年期）：这一阶段的智力是通过对抽象概念的逻辑思维展示出来的。在这个阶段，自我中心重现，有趣的是，在工业化国家中，只有35%的青少年达到了形式运算阶段，大部分人都不能达到这一阶段（成熟）。

早期婴幼儿没有自己独立的认知能力，对环境的感知完全通过感觉器官（如视觉、听觉、味觉及嗅觉）等来完成对环境刺激的反应。

拓展阅读

婴儿视觉发育

从刚出生到1岁期间婴儿的视力以及眼睛的生物基础都在发育中。他们的视力很差，并不能分辨事物的细节，就好像透过厚厚的磨砂玻璃看东西一样。这种视觉感知能力仅限于区分亮光、黑暗。不过，婴儿可以觉察到运动并被其吸引。在出生后大约两个星期，婴幼儿会开始理解运动，2~3个月后，个体的眼睛随移动物体运动的过程称为跟踪。这种机制的意义是当面对危险时，婴幼儿需要随时将危险信息觉察为新异刺激，以更好地自我保护。2个月的时候婴儿就能看到整个彩色光谱的颜色，但是这种视力是模糊的，难以在相似颜色之间做出明确划分，只能使用明亮对比来辨别一种颜色和另一颜色的区别。3个月大时，当能够注视并跟随某个目标对象时，他们就能看清颜色和理解深度，这种能力将一直持续到婴儿期晚期（6~12个月）。

根据婴幼儿的发育特点，在设计时我们应该创造一些符合婴幼儿视觉发育特点的环境。例如，使用感光性树脂玻璃，让光线透过玻璃在墙壁上形成的阴影图案随着一天中光线的变化，图案也会变化，这就会产生新异刺激。还有一些可以变幻色彩的的贴花可以考虑作为墙壁或天花板的装饰，以产生更多的环境变化。这些刺激对婴儿脑部发育以及学习能力有重要作用。因为婴儿刚出生很难准确地感知周围的世界，他们需要相对容易获取的视觉线索，以帮助他们识别和理解所看到的环境。图3.3与图3.4为不同装饰环境下的婴儿房设计。

◆ 3.3
充满动物园色彩的婴儿房

◆ 3.4
以马戏团配色为背景的婴儿房

此外，色彩环境中设计人员应使用同一色系的颜色，如红色和粉色，彼此不要相邻，以防颜色界限变得模糊。婴幼儿环境中颜色的使用和早期性别角色的建立有关。例如，面对不同的婴儿，成年人通常会通过服装和环境的装饰来判断婴儿的性别。一名婴幼儿周围是各种运动场景或设备、或不同的赛车移动的汽车场景，成年人会以男孩的行为习惯要求并对待他，同时这种行为也会加强幼儿男性化性格的养成。图3.5和图3.6是台湾设计师郑树芬设计的儿童体检中心，设计充分考虑到儿童的视觉发育特点，室内除了摆放体检仪器之外，整体展示尽量“留白”，将视觉空间最大化。并且平面规划除了开放的区域外，设计师为了吸引小朋友的注意力，同时为了减少他们对体检过程中的心理恐惧，各种玩具展示、墙面拼图给孩子们提供了一片玩乐的天地。

◆ 3.5
儿童体检中心

◆ 3.6
体检中心儿童休息区

拓展阅读

婴儿听觉发育

对于发育中的婴儿而言，第二重要的感觉是听觉系统。听觉系统的发育不同于视觉系统，听觉系统从出生开始就已经全面发展了。8个月大的婴儿已经有能力分辨不同的音素了。但是12个月大的婴儿会失去辨识那些缺乏意义的声音的能力，这意味着多种语言将被引入，从婴儿8个月大的时候就开始并持续整个生命过程，或者至少持续到青春期前。

婴儿出生后，及时通过播放音乐或者直接讲话的方式刺激他们的听觉非常重要。有研究支持如下结论：语言的习得与家人直接对孩子讲话存在联系；音乐和认知发展存在直接联系。与不和谐的音律、不连续的声音相比，和谐的音律或者有节奏的模式更令婴儿愉悦。因此在研发婴儿和刚学会走路的孩子的生活环境时，我们的设计理念是需要编入音响系统，为听觉系统提供清晰、和谐的声音。例如自然界的鸟叫、蟋蟀声等，还有乐器与音乐，便于他们能够模仿那些他们听到的声音。

拓展阅读

婴儿触觉发育

触觉是人类最重要的感觉之一，它使得我们能够感知世界，同时也帮助我们在空间中定位。因为触觉刺激着大脑的活动,触摸也给了我们不可胜数的、关于我们环境的信息，例如温度知觉、纹理知觉、深度知觉。婴儿通过用手臂、手指、脚趾或嘴唇、舌头触摸物体来了解他 / 她所处的环境。最初的几个月里，他 / 她会主要通过嘴和唇的触摸来探索这个世界。设计者在为婴儿创造生活环境时需要谨慎行事，以保证环境中既不包含能够被误食的小物件，也不会有那些很容易松动或容易隐藏的物品。大约4个月起，婴儿对自身的手臂和手掌有更好的控制。我们发现婴儿开始通过用手去蹭那些有纹理的东西，用手指去戳那些他们遇见的带孔的事物，敲打各式各样的物品来探索他们的世界。提供一批有触感的表面能够使婴儿感觉到不同的纹理，对早期认知的形成有重要作用。

通过不同方式，婴儿学着去理解他们所看到的世界和与其他事物的联系。作为设计者，我们有责任在婴儿的环境中提供各式各样的表面、纹理及氛围，使得婴儿能够最大限度地探索和拓展感觉器官和神经连接。例如儿科医疗设施、日托中心、娱乐设施和学校这种儿童会长时间待的地方，在建筑环境中材质的使用上需谨慎，这是设计时的一个至关重要的部分。图3.7表示这个阶段的婴儿主要通过触摸感受环境。

◆ 3.7
婴儿以爬行为主，触摸是其感受世界的主要方式之一

拓展阅读

婴儿味觉和嗅觉发育

嗅觉和味觉这两种感觉是联系最紧密的。早在婴儿出生之际，嗅觉与味觉器官就暴露在交叉羊水的多种多样味道和气息当中。因为嗅觉是感觉中与记忆联系得最紧密的，这种能力可以保护我们远离天敌，帮助母亲和孩子相认，辨认出潜在的有毒物质。婴儿能够辨别甜、酸以及苦的刺激，他们更喜欢甜的味道，并对酸或苦味表现出不喜欢。这种对一些味道的偏好可能是进化的遗留物，用以帮助婴儿生存。从本质上讲，那些能够威胁到婴儿生命的很大一部分物质是苦的或者酸性的。有研究人员注意到，当他们给婴儿呈现巧克力和香蕉的气味时，婴儿的面部表情变得轻松，似乎更快乐。相反，当给相同的婴儿呈现臭鸡蛋气味时，他们皱着眉头。

我们在设计婴儿的生活环境时，应该注意避免容易误导儿童嗅觉识别的建造材料。同时，我们也可以通过创造符合婴幼儿喜好的嗅觉与味觉环境，来提升婴儿在环境中的愉悦程度。例如，我们可以把香甜气息的设计加入医生的办公室，安慰在该环境中感受到痛苦的孩子。或者，我们可以使用天然的排斥嗅觉环境，让他们对一些项目中可能存在的潜在危险进行规避，从而减少孩子的意外伤害。

◆ 3.8
儿童体检中心的展示区

儿童发展社会理论将儿童发展的过程看做一种从家庭生活、文化环境、个人特点等等因素中发展出的独特个人经验，因此针对这些不同时期孩子所在的环境做设计时，设计师需要有更广义的指导思想，以创造让大部分孩子能够适应的环境。按照婴儿生长与发展规律，婴儿早期主要是各个感觉器官的成长与发育，通过对环境的感知与接触认识、了解世界。针对这个阶段的婴儿的特点，我们应该关注视觉环境中色彩、图案和形状的选择与创造，在其环境中建立更多的突触，以刺激婴儿感官系统的良好发展。图3.8是郑树芬设计的儿童体检中心的展示区，体检中心按功能不同，天花的造型也不一样，有的好似流水一样蜿蜒，线条委婉流畅而富有层次；有的用明快的色彩搭配奇趣可爱的玩偶造型。孩子犹如进入了动物世界，无形中增添了趣味性。

设计师需要了解环境压力和环境损伤对婴儿造成的影响。大多数婴儿会由外部来源，如过度的噪音、光线或强烈气味引起某些压力，这些压力造成的伤害可能是急性的也可能是慢性的。还有某些药物（包括酒精）可能造成上瘾、过敏等相关的内部压力。损伤的出现与不适当的监督和环境设计有关。因为婴儿缺乏力量和运动技能，他们无法从潜在的危险情况中自救，因此“安全”是这个阶段儿童环境设计的首要任务。如图3.9是挪威北部Troms幼儿园的室内一角，考虑到孩子的安全性，活动区全部选用环保软质材料，以确保儿童活动的安全。

◆ 3.9
挪威北部Troms幼儿园

3.1.2 幼儿

幼儿主要指1~5岁的儿童。这个时期可以被分为两个阶段，第一个阶段是1~3岁。这个阶段幼儿的直觉行动思维出现，这也是思维的初级形式。所谓直觉性思维，就是对事物的外部特征进行概括的能力，如弟弟是比自己小的男孩。依靠动作进行的思维就是动作性思维，如把短棍当手枪，把长棍当马等，这种思维离开具体的道具也就停止了。在大约2岁时，幼儿进入以自我为中心的阶段，他们的思想是自己的，同时他们也会错误地认为别人能看到和体验到他们所想和所做。例如，有的孩子会去拉扯别人的耳朵，因为他们自己不感到疼痛，他们也就认为别人也不会疼。也正是在这个阶段，幼儿在参与生活的同时去发掘周围的环境以及局限性，形成自我观念。

第二个阶段是3~6岁，这个阶段又被称为学龄前儿童。对于这个阶段儿童环境的改变就是将进入幼儿园，参与到一定的社会交往与集体活动中。这个阶段的孩子已有思考、感觉和争取行动的能力，对未来有一定的理解力和想象力，这种想象力在游戏中会转换成各种角色的扮演。另外这个阶段的儿童开始形成性别刻板印象：男孩开始为卡车和积木所吸引，而女孩开始喜欢娃娃和茶具。他们已初具性别意识，知道男女性别角色，出现性关心和性疑问，在感情上表现出对异性父母的亲近和对同性父母的排斥。学龄前期的幼儿主要是表象思维，有一定的形象思维。表象性思维对外部世界的描述主要是通过对事物外部特征来实现的，如学龄前幼儿描述苹果、西瓜，一般会说“圆的、有皮、甜的”。这时，幼儿多以自己对生活的认知、经历、愿望等来替代事物的实质。图3.10与图3.11为设计师兼艺术家沙立·沙泥·哈（Sarit Shani Hay）携手Lev-Gargir Architects建筑事务所一同在以色列拉马特沙龙完成的主题幼儿园的设计，室内各个空间按不同主题进行设计，让孩子们在此自由挥洒天性。

◆ 3.10
第一站——智慧之门

◆ 3.11
第二站——游乐农场

对于这个阶段的儿童，游戏是其日常主要活动，他们在游戏中建立对客观世界的认知，在游戏中锻炼自己的感知器官，加深对丰富世界的感知和经验。但由于这个阶段的孩子的认知能力、简单运动技能仍处于发展阶段，他们需要许多新异刺激，以此向外界展示自己的想法。因此丰富的游戏区设计至关重要，除了玩具的多样性以外，学龄前儿童喜欢通过玩游戏来表现得像大人一样，即模仿成人的活动，我们可以为这个阶段的儿童设计不同场景的环境以满足他们的需求。表3.2显示了儿童游戏时的不同行为模式及行为特点，针对不同模式的游戏，我们应该提供不同的活动空间。

表3.2　儿童的行为模式与设计导向

行为模式	特点	具体表现	设计导向
无事可做	无引起兴趣的事物发生	玩自己的身体，在椅子上爬上爬下，站在老师周围或跟随老师，或坐在一个地方环视四周	提供有效空间
旁观	观看其他儿童的游戏	在“游戏圈”外关注他人的游戏活动，偶尔地发表口头意见，有选择性地决定是否加入游戏	提供停留观看、可坐的空间
单独游戏	独自一人专心地玩自己的游戏，或与其他儿童在说话的距离内独自玩，或玩与其他儿童不同的玩具	独处、安静、休息、观察	设计惬意舒适的私密空间，同时能看见别的儿童游戏活动的空间
平行游戏	独自游戏，但所选的活动自然地将儿童带入其他儿童之中	在其他儿童的旁边玩，但不是和他们一起玩	保证空间的交流性
联合游戏	和其他儿童一起玩	所有的成员从事类似的活动，没有分工，活动中的材料、目标和作品缺乏组织性	提供游戏设施
合作游戏	在一个团体中游戏	组织目的是制作一些材料成品，或努力达到一些竞争目的；做出成人及成人团体生活的戏剧化场景	提供足够游戏的大场地

图3.12和图3.13是挪威Troms幼儿园室内结合各种功能场所为孩子们设计的活动环境，让孩子们充分体会到游戏和活动乐趣的同时，也让室内空间更加丰富多彩。

◆ 3.12
结合墙体维护结构设计的攀爬墙

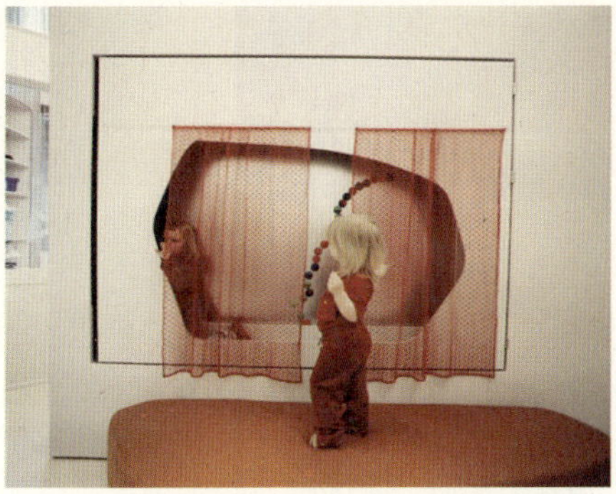

◆ 3.13
与墙体结合的儿童私密性空间

幼儿和学龄前儿童的感觉较为复杂，当设计在家庭或学校中的游戏室时，设计师要采用高对比度的色彩，让孩子们对一种颜色与另一种之间有明确的判断。因为这一阶段儿童的视觉、嗅觉发育并不完全，如果他们在游戏中的探索涉及颜色的匹配或是包括较为复杂的形状、影像，这样的游戏就会给他们带来困难，这也是不同颜色的设计需要较强对比的原因。如图3.14和图3.15，Troms幼儿园的室内设计采用奔放的色彩以区别室外寒冷的环境，同时满足儿童的好奇心。

◆ 3.14
Troms幼儿园的室内活动区之一

◆ 3.15
Troms幼儿园室内临窗活动区

镜子是这个阶段的一个重要设计点。从婴儿到幼儿，他们开始认识到他们是独立的个体。如图3.16和图3.17所示，镜子可以鼓励幼儿把自己看做独立的人，因为孩子可以看到镜子中的孩子无论是说话还是动作都与他/她一模一样，但却无法触摸。因此，镜子也有助于促进幼儿的分析能力。

◆ 3.16
孩子与镜子进行互动

◆ 3.17
孩子通过镜子认识自己和世界

另外作为设计师，我们应该满足这个阶段的孩子对性别了解的欲望，我们可以选择中性的壁布、窗帘、床上用品，也可设计与某种性别特征强烈一致的物件，如图3.18与图3.19所示，公主主题的环境或探险主题的环境可以满足孩子的需求。

◆ 3.18
小女孩梦寐以求的公主房

◆ 3.19
以探险为主题的男孩房间

3.1.3 儿童

6~12岁被称为童年中期。这个时期往往与一个人的自我投射和自我意象相关联。例如，两个孩子可以有相同的物品，但在每个孩子想象中是不同的东西（如扫帚对一个孩子而言可以是小马，对另一个孩子而言可能是摩托车）。5~6岁的孩子也清醒地认识到自己的弱小局限，并羡慕大人的力量（例如，自由、选择、力量和知识）。他们的想象力和创造性的发挥更侧重于成人的行为和活动，因为他们试图快快长大。

在大约6岁时，孩子开始合理地思考，并通过简单的加减分析表面形势。在这个年龄段的孩子对性别敏感，并希望外部世界满足他们感知的性别身份。到7岁时，西方的孩子对自己的性别身份非常重视，并认为男性和女性角色之间的界限黑白分明，例如，男孩不跳舞，女孩不吐痰。8岁时，儿童的大脑达到成人的95%大小，前额叶皮层已经充分开发和发展，但是孩子在概念化方面还是有困难，或可能永远不会达到概念化。

对于这个阶段的孩子，设计师可以结合周围场所协助孩子发展自己的这种能力，如会所、树屋或其他独立的区域，孩子们可以通过自主设计并布置相应的区域来学习成人的这种能力。如果在室内，这些特殊的空间可以是高低床、衣柜或卧室的一部分，这样的空间应包含大量对孩子自己有意义的玩具。孩子们喜欢玩具是因为这给他们提供享受，也有孩子会把玩具人格化。如图3.20在德国北部下萨克森州乌斯拉尔镇附近的一座小山谷中，一位业主为儿子设计了树屋，让他在度假和朋友聚会时使用。图3.21是一款适合儿童使用的高低床，适用范围广，一般是为节省空间而使用的。它能有效地成为游戏空间，增加空间的趣味性与实用性。

◆ 3.20
位于德国北部树林里的树屋

◆ 3.21
高低床

如果儿童的设施设计得当，不仅能促进儿童的认知和身体发育，也可以促进形成所期望的行为特征。例如，当一个孩子的心灵和身体受到适当的环境刺激，孩子更有可能会表现出积极的行为。此外，设计人员需要找到儿童在探索环境过程中的一些风险因素并平衡它，这将有助于保持孩子的兴趣，促进孩子的探索精神，并且确保他们的安全。风险和安全性之间实现平衡的方法之一是加入过渡空间，让孩子有机会逐渐进入新的环境。孩子不能像成年人那样快速处理不断变化的刺激，因此提供小木桥或室外步行通道，让孩子的视野在进入游乐区域之前有一个缓冲。图3.22与图3.23是柏林一家全日制学校内的过道设计，其变化的空间既增加了环境丰富性又满足了孩子们的好奇心。

◆ 3.22
柏林ErikaMann全日制学校走道1

◆ 3.23
柏林ErikaMann全日制学校走道2

作为参考，表3.3提供了儿童不同游戏所引发的不同形式的活动内容，以及针对不同的活动我们应该提供怎样的设施。

表3.3 儿童在游戏中的行为分类

序号	类型	反映能力	形式	相应设施
1	体育游戏	积极主动	跑、跳、骑车、匍匐前进、攀爬、滑滑梯	模块式设施、结构和多样地形，良好的场地保护
2	创造性的游戏	想象力	用可塑性和可变性材料，如沙子、玻璃、水、碎石和黏土等塑造事物或真实材料（木材、砖）模拟房屋的建造	发挥孩子无穷的想象力和创造力
3	社会游戏	社会交往技能	追赶、躲藏和角色扮演	提供抽象性和暗示性的道具
4	感官游戏	实验	感官能力的培养、趣味现象的演示	感官体验的设施
5	安静地玩耍	提供休息和思考的机会	堆沙盒、沙桌和沙凳	创造与喧嚣区域相隔离的地方

5~8岁的儿童需要各种不同的环境来容纳他们的想象力，以及在模仿成人的行为时来支持活动的创造性发挥。为孩子设计环境时，设计人员必须考虑到孩子会对特定对象有所喜好，并作为他们探索自我观念的重要场所。我们可以帮助他们创建这样个性化的角落，建立在家庭或在孩子们的房间里他们最喜欢的地方。图3.24中的帐篷是孩子们最爱的场所之一。

◆ 3.24
帐篷是孩子们在家中最喜欢待的角落

3.1.4 青少年

青少年的发展阶段可以划分为前青春期8~12岁和青春期12~20岁。8~9岁时，他们开始具有独立思考的能力。在这个发展阶段，他们不具有充分的社会化和成人规范，因此这是装修房间的好时机，因为他们现在拥有多个独特的想法，打造自己期待的空间。从9岁开始，孩子开始与自己父母产生距离，他们大部分的时间花在与同龄人一起，他们需要能够控制他们的环境，使其符合他们的期望。10~11岁时，性别的障碍开始消除，男女开始希望从事以前设想过的性别行为（例如，女孩做饭、男孩修理自行车）。如图3.25与图3.26，让孩子们加入到自己成长环境的创造活动中，让他们充分体会到自己在家庭中的存在。

◆ 3.25
孩子参与装修

◆ 3.26
加入孩子自己想法的房间

当孩子进入青春期，他们更加关注自我，痴迷于用图像描绘的世界。这在他们选择服装（例如服装、饰品、珠宝）、装备（例如电子设备、游戏）和交通方式上具有非常明显的表现。因此，在设计青少年的个人空间时，我们需要考虑如何将他们的物品变得特殊化。特殊性是随着年轻人个性化的过程而变化的。男孩往往更喜欢动作、幻想人物、视听或体育器材；女孩更喜欢娃娃、衣服和纪念品。这些特殊物品不仅可以支持他们对所在地方的认同，也可以作为缓解压力的方法。许多年轻人在遇到压力性事件时都会回到他们的房间并通过这些玩具获得心理上的安慰和支持。图3.27与图3.28是这个年龄段不同性别特征的孩子的房间。

◆ 3.27
男孩的房间更多地设置了与运动相关的元素

◆ 3.28
女孩的房间显得温馨与敏感

当孩子进入前青春期和青春期时，他们渐渐成长为他们将成为的人。在整个发育过程中，他们不关心他们父母的喜好，而更在意同龄人的期望。他们被那些能够体现他们自我和对未来渴望的特殊对象所吸引。例如，前青春期和青春期的孩子可能会渴望得到代表了自己学校的特殊物品（例如锦旗、夹克、帽子，或者能够代表他们的学校特征的其他物品）。朋友在前青春期和青春期也很重要。在设计中我们应该考虑既要创造一个地方使他/她能感到安全，又要提供空间，给他们展示如朋友的照片或电影票根这些使用过的，但他们觉得很有意义的物品（如图3.29所示）。

◆ 3.29
青春期孩子的房间处处流露出青春的印记，如墙面的海报、收集的摆件

3.1.5 关于儿童环境设计的其他方面

环境中的压力有多种来源，可以从我们遇到的对象、事件或其他个体身上发生。人类面对压力时会产生相应的应激反应，应激反应是人类在遇到危险时的自我保护反应。儿童身体的压力反应通常比成人更激烈，涉及整个身体。有压力的儿童往往更为明显，如出现哭闹、手掌出汗、逃跑、攻击性或防御性的爆发等生理反应。其他压力反应还包括抑郁症和回避、过分胆怯、过度警觉、过度担忧等等。压力对孩子有很大的影响，尤其是那些年龄小于6岁的孩子，因为儿童在发展过程中难以对遇到的压力事件进行有效地思考，他们没有经验去识别不同的行为在应对压力事件时可能造成的后果。

压力可以从多个方面获得，并在一个人的内心积累。例如噪声，在学校环境中，长期接触噪声（如机场、火车和公路交通等噪音），就很难让孩子集中注意，特别是在面对困难或复杂的任务时，孩子的长时记忆也受到噪音的负面影响。如图3.30这样的生活环境给孩子带来一定的心理压力。在嘈杂的教室中学习的孩子和那些长期住在嘈杂家庭的孩子比在安静的环境中成长的同龄人的阅读和数学成绩低。此外，拥挤程度是对儿童有重要影响的另一个物理因素。例如，大的班级规模与考试低分数和行为问题有关；课堂上的可用空间、孩子的平均占用空间不足与较低的阅读成绩有关。如图3.31中在拥挤的教室环境中，有些孩子从拥挤的教室里相继退出。儿童，特别是男孩，如果生活在拥挤的家庭更有可能在学校里发生问题行为。换句话说，空间密度影响家长和孩子、老师和学生互相交流的方式。

◆ 3.30
嘈杂的生活环境会给孩子带来一定的压力

◆ 3.31
拥挤的教室空间

随着压力的增大，人们必须花很多时间在无压力的环境中让压力水平降低。一个人如果没有获得压力释放，压力水平最终将达到临界点。长时间暴露在单一的压力面前，可能会导致根深蒂固的行为模式和应对方式的形成，尤其是如果孩子察觉到他们的策略是有效的，他们就会让这种行为固定下来。检查儿童的表现力以及压力产生的原因有助于无压力环境的设计和修改。

伤害和疾病的事件往往是检验人类与环境正常关系的重要因素。受伤对于年龄小于15岁的儿童而言是第一大的健康风险。根据对12岁儿童和12岁以下儿童的统计，每年有超过140,000名儿童（每四个里就有一个）的伤势严重到需要就医，近92,000名儿童成为永久残疾（全国儿童安全运动，2003）。跌落是意外伤害的主要原因。防止事故的发生是每一个父母的本能，但损伤仍是发达国家活动场所的儿童死亡的首要原因，而且男孩的数量远大于女孩。因此，设计师必须了解物理学的基本定律：每一个动作都有一个大小相等、方向相反的反作用力。构筑环境的设计师的目标或义务是通过自己的设计减轻尽可能多的安全威胁。如图3.32为一个儿童运动场所，室内按照儿童的安全活动尺度，模仿户外场所特征进行设计，以此在户外活动空间有限的情况下，减少儿童户外活动损伤。

预防过敏和疾病也是设计师需要考虑的重要因素。在美国，大约有3,000,000名儿童受到过敏性哮喘的影响（8%~12%的儿童和7,000,000成年人）。科学家建议不仅要通过消除室内水分的来源防止霉菌和霉菌滋长（例如屋顶漏水和管道），同时鼓励居住者提高环境意识。

◆ 3.32
某儿童运动场所模拟户外活动的室内

3.2 老年人群

随着年龄的增长，老年人大脑的反应能力和身体机能都会呈现自然规律地下降，运动和感知能力衰弱严重影响着老年人日常生活的方方面面，并且影响着他们能参加活动的种类和数量。很多老年人还会在睡眠、简单的运动、行为协调及平衡或者心理活动等方面表现出困难。因此，构建能让老年人在生理和心理都感觉舒适的生活环境十分重要。

3.2.1 老年人的心理和行为特点

心理学研究发现，老年期的人格特质是个体在遗传、社会生活环境和社会化实践等因素交互作用的过程中缓慢形成的，具有很强的稳定性。工作状态、文化水平、身体健康状况、经济条件以及婚姻状况等问题与老年人的人格发展有明显的相关性，老年人的人格特质是不容易被改变的。因此老年人群体对环境的认知有自己独特的心理特征。

老年人的心理特征

老有所养是老年朋友晚年幸福的基础，对于老年人来说，其安全感最主要来自子女和社会的关心与照顾，还有家庭是否和睦、社会是否稳定等等。另外，老年人的身体是否健康、经济来源是否稳定、财产是否会保值增值等等，也是关乎老年人内心是否健康的关键因素。如果老年人的内心缺乏安全感，既使物质上再充裕也不会幸福。如图3.33，独居老人目前已经成为社会很大的问题。

◆ 3.33
独居老人

其次，一般人都认为人到老年依赖感会增强，而事实上，当代的较多老人并不愿意依靠子女，相反，他们更愿意享受独立的生活。一项关于老人是否愿意与子女同住的调查显示：只要经济独立，大多数老人不愿意与子女同住。而且在调查中还发现，老年人是否选择与子女同住与其自身的文化程度有关，不识字、没有文化的老人有80%愿意与子女同住；高中程度的老人选择与子女同住的约有50%；而受过高等教育的老人愿意与子女同住的只有40%。

再者，孤独感是一种消极的心理状态，它会加速衰老并导致老年人的生理能力降低。老年人，尤其是离退休老年人，都曾经为了美好的理想与追求而奋斗了大半生。他们习惯于为生计而奔波，一旦离开熟悉的工作环境，进入一个不再是自己习惯的生活圈子，就很容易萌发消沉的意识。这一切对于他们而言都来得太突然，强烈的心理落差带来巨大的失落感。老年人常有一种被社会抛弃的感觉，这种抛弃感不仅来自物质上的、人际关系上的，还大量表现为精神上、思想观念上的抛弃。孤独可使人的思考能力和判断能力减弱，加速衰老进程，同时容易引发老年痴呆，如图3.34为老年痴呆症患者。

◆ 3.34
老年痴呆症（阿尔茨海默病）会导致记忆缺失

另外抑郁心理常见于一些身患慢性疾病、长期遭受病痛折磨，且治疗效果不佳的老年人，因对治疗失去信心而出现烦躁、抑郁甚至绝望的心理状态。这类心态在身体状况不好的老年人群中较为明显。他们对生活的热情明显减退，任何事物都无法引起他们的关注与兴趣。这类老年人中的多数甚至还认为人生已经失去了意义，自己所遭受的不幸与痛苦已经没有任何转变的希望；他们对别人的帮助也持以消极的态度，使自己在意识上完全陷入孤苦无助的境地。他们一旦陷于这种状态，就往往表现出更为消极的情绪，比如对自己的前途过分担忧、感觉生活毫无希望，甚至经常自我责备，最终产生强烈的自罪感。许多权威资料也显示，老年人自杀多半源自于这种抑郁情绪，而某些老年人患有癔症，也和抑郁情绪密切相关。

老年人还经常有焦虑的心理。这种情绪的产生原因很多，常见的是家庭成员之间的关系不和谐、生理机能的减退导致身体上的不适或个人主观要求过高、思想意识变得狭溢而引起。老年人的焦虑情绪有时候表现为无缘无故或小题大做的焦躁：例如过分担心在外面的亲友的生活状况，担心尚且年幼的孙辈今后的升学、择业、成家状况，担心子女的工作状况，或者为自身生理性的衰老现象感觉惊恐不安等。如图3.35与图3.36表现了老人饱受各种精神疾病折磨时的痛苦神情。

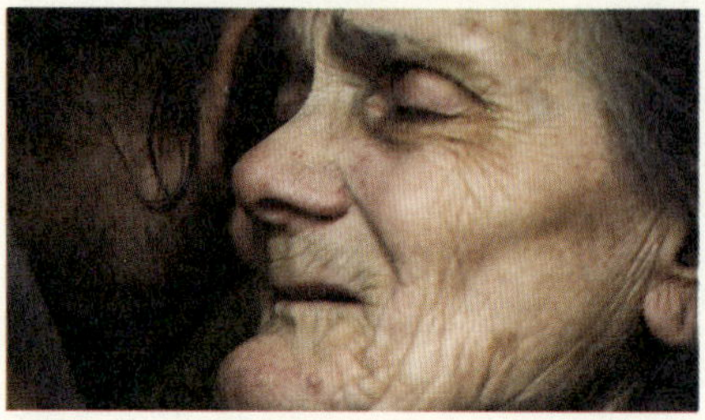

◆ 3.35
老年人面露焦虑情绪

◆ 3.36
老年人对生活的消极态度

最后，对于过去的时光和以往美好时代的怀念之情，感染着全世界的老人们。这种现象也可以理解为多数老年人对不断变化的当今时代感觉到无法适应，从而企图逃避现实的一种方式。人到老年，不再像年轻时那样憧憬未来，而是开始对自己几十年来走过的路进行回味和自我评价，说的话和做的事情都带着浓厚的怀旧色彩。在心理上，由于老年人不太可能再获得新的、重大的成就和自豪感的满足，于是就转而进行自我的心理平衡维护。许多老年人还会觉得和他们同辈的人相处更舒服，和那些曾经共度人生、轶事特别是幼年一起长大的同伴，他们会觉得更为亲切，因为他们之间有更多的共同语言、共同回忆。

拓展阅读

老年人的行为特征

对老年人而言，感知能力的退化大约出现在65岁左右。随着年龄的增大，老年人的视觉、听觉和触觉等感觉系统逐渐出现退化现象。感知能力的退化直接影响到老年人对环境信息的接收和认知。

拓展阅读

老年人各感官系统退化

随着年龄的增大，老年人的眼角膜、瞳孔、晶状体、玻璃体和视网膜都会出现变化，使得老年人视觉减弱。最主要的变化是眼角膜直径变小，使老年人产生远视，角膜细胞表皮增厚而使眼睛出现散光。晶状体透光能力明显减弱，质地变硬，使得老年人的色觉产生偏差，难以辨认相似的颜色。同时晶状体的变形还会引起老花眼等现象。

耳朵是接收环境信息的重要器官，而人到老年耳朵也是功能退化最为明显的器官之一，重听、耳背等病症使得老年人对环境信息的接收受到影响。老年人听觉退化主要表现为听力减弱、对高频声音听觉丧失等。这些能力的变弱不仅直接影响知识的获取，而且还影响其语言和理解能力，进而影响老年人的人际交往，使老年人容易产生焦虑感、孤独感。

除了视觉和听觉功能明显退化外，老年人的触觉、味觉和嗅觉也会发生退化。嗅觉的不敏感会使得老年人对居住环境中的异味辨识能力降低，对于使用煤气的老人来说这是一个潜在危险。味觉的退化则影响老年人对食物安全性的判断。而触觉的退化使老年人非常容易受到身体上的伤害。因此，室内环境设计中必须认真对待这些潜在危险。

记忆力减退、反应迟钝、思维缓慢等现象说明老年人的神经系统功能出现了明显退化。这种退化使得老年人对环境信息的认知能力减弱，在新的环境再难以形成认知地图。神经系统功能退化对老年室内环境设计提出了要求。首先，室内功能空间的划分必须明确；其次，尽量减少环境的陌生感，可以放置一些老年人使用过的陈设；增加室内的通风功能，使室内含氧量充足。

随着岁数的增大，老年人的肌肉和骨骼机能开始下降，老年人能明显感觉到灵活度和力量下降。上了岁数以后，如图3.37，老年人行走时举步不如年轻人高，身体重心前移，处于前倾姿势，若走路过快容易摔倒。因此，老年人步速要慢，幅度要小。而与此同时，老年人的骨骼变脆，骨髓再生能力下降。由此可以看出，在老年室内环境设计中，要考虑地面的安全性和家具的高度。图3.38中根据老年人的特点，设计中考虑到使用尺度的问题。

◆ 3.37
老年人的走路姿势

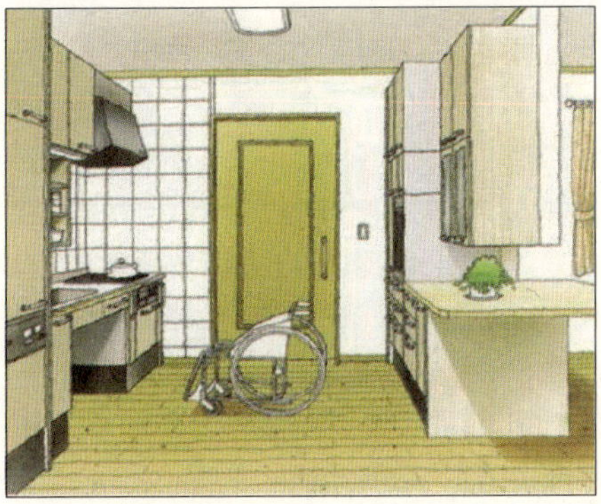

◆ 3.38
橱柜台面下方部分留空

由于身体功能退化，新陈代谢较慢，老年人对周围环境的改变较年轻人迟钝。当环境的温度、湿度等条件发生改变时老年人不易察觉，而老年人的机体抵抗力减弱并常伴有慢性病，这就使得老年人对环境的适应能力明显减弱。生理机能的衰退更表现在老年人常患有各种慢性疾病，而且常常会由一些不起眼的小病，导致这些疾病的复发，导致其失去自理能力。图3.39与图3.40中显示了各种身体功能退化的老年人。

◆ 3.39
老年人的身体常伴随有各种病痛

◆ 3.40
老年人失去步行能力

3.2.2 老年人环境设计

设计者们为老年人设计居住环境时最好能够满足他们每个人的个人需求，并且能够通过内部和外部设施来方便他们的生活起居。研究者们提倡在老年人生存和主导的环境中提供视觉空间线索（例如空间对象或元素）来帮助他们保持视觉平衡。

光照

首先，随着年龄的增长，老年人的眼部结构发生了变化，视力渐渐减弱。光照的强弱直接影响老年人对环境的知觉，尤其是对明暗光线的适应能力。一旦从光线昏暗的室内步入光线明亮的室外，都会导致老年人对这种明暗反应的不适应。夜晚昏暗的光线对老年人的行动也会造成很多不利影响。老年人的视觉辨别能力下降，在室内面对射入光线的窗户或面对太阳光线行走时，会因为眩光造成对迎面的景象辨别困难，所以在室内老年人需要有适度的照明环境。图3.41与图3.42表现的是在老年人居所中，不同地面材料的选用会对照明环境有不同的视觉影响。

◆ 3.41
不能选用会使老人产生眩光的地砖

◆ 3.42
应该选用哑光防滑地板

光照对老年人的生物钟也产生着重要的影响，而生物钟的正常运行是对环境产生知觉的必要条件之一，因此光照对老年人的环境知觉有着重要的影响。老年人的生活环境要选择向阳性、通风性好的房间。通风好的房间有助于老年人的身体健康，更接近大自然。目前，很多室内外环境的亮度都没有考虑到老年人这个群体，整体亮度偏低，容易对家庭中的老年成员的视觉造成不利影响，进而影响老年人的心理健康。因此，适当提高居室的亮度对于老年人的身心健康是极为有利的。图3.43为不同光照对人们睡眠的影响图。

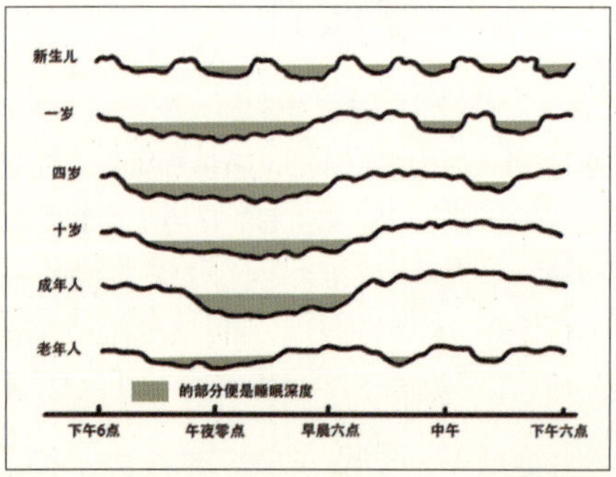

◆ 3.43
光照对于人们睡眠的影响

照度也会对老年人的心理感受产生影响。根据空间的功能不同，我们应设置不同的照度。对私密较强的空间如住宅内卧室等，宜设置较低光照度。相对开敞的空间，如客厅，光照度可调高，如果照度低会使空间显得压抑，这种情况很容易使老人情绪低落。图3.44与图3.45是不同功能空间中不同照度所形成的照明环境效果。间接照明下的环境柔和舒适，不会让老人感觉到刺眼，但在功能性空间中我们要提高照度，以帮助视力不好的老年人独立完成日常活动。

◆ 3.44
以间接照明为主的空间，光线柔和

◆ 3.45
卫生间内的功能性照明

有研究表明，对于经常失眠的老年人，晚上临睡前置身于强光的照明环境中，失眠症会得到改善，睡眠质量和效率都有所提高。由此可见，合适的室内环境的照度对老年的睡眠质量有所改善。而对人工照明而言，老人居住环境的照明要有利于构成宁静、温柔的气氛，给人一种安全感。强光会使老年人产生应激过度，不仅影响到老年人对环境的认知，同时对老年人的视觉也有伤害。

色彩

有调查研究结果显示，绝大多数老年人在环境中会选择柔和温暖的色调，这是因为老年人身体怕冷，心理常出现孤独和焦虑而引起的。老年人需要祥和的环境，冲突的色彩应激会造成老年人的情绪不稳定。随着年龄的增大，老年人会出现色觉改变，例如老年人同时在分辨蓝色和黄色时会有困难，大多数老年人看蓝色觉得暗一些。这是由于晶状体老化，颜色变黄或黄褐色而选择性吸收蓝光的原因所致。因此最为适宜老年人使用的为暖色偏白的色系，因为暖白色的色彩环境可以营造干净、明快、纯洁的室内外环境。虽然冷白色也能营造出干净、纯洁的环境，但与暖白色相比，它常使老年人感到不安全和孤单。与白色相比，暖黄色为明亮的色彩，而且具有味觉感，能给老年人带来温馨祥和的环境。图3.46与图3.47中为不同色调下室内的环境氛围。

◆ 3.46
冷色调卧室

◆ 3.47
暖色调卧室

材料

多数老年人喜欢有柔软质感的环境，特别是在环境材料的选择上，老年人对木质和柔软的织物材料有明显的喜好，因为柔软的材料能提供老年人心理所需的舒适感与安全感。相对坚硬或冷峻的材料，如钢筋、水泥、玻璃等，会加大环境空间中的危险性，同时造成老年人环境心理上的不安全与不稳定。图3.48中软质材料比较多的环境更容易被老年人接受。

◆ 3.48
空间软质材料偏多的室内

空间认知

基于空间认知理论，我们清楚地意识到，室内外设计要考虑不同功能空间的认知特性。对于老年人而言，由于身体机能的退化，对环境的辨识能力较弱，因此各个空间的设计有较大差别。这里以住宅室内设计为例，老年人感知能力和神经系统退化，灵活程度和肌肉强度下降，在室内设计时要结合老年人体征的变化，对尺寸进行合理的设置，并设置一些辅助设施进行无障碍设计，如图3.49是老年人专用浴缸。对于客厅、书房和公共活动空间，设计时要考虑各个空间的特征与区分。对于卫生间与厨房，尤其要考虑无障碍性及工作辅助功能的配套设计，如图3.50中为具有一定无障碍和辅助功能的卫生间，将帮助老年人打理自己的日常生活。

◆ 3.49
有安全门的浴缸

◆ 3.50
配有无障碍和辅助功能的卫生间

另外，老年人的生活空间应该限定明确，具有明显的空间记忆特征。对空间容量也应多方面考虑，除了满足个别行为需要的空间体积和同一种行为的多人次重复，还要满足其他行为同时发生时复合性要求。其次，根据老年人不同的生活特点，我们应设计符合老年人的工作与生活的空间流程，使老年人对空间的使用方便顺利，如图3.51的厨房设计能为老年人提供便捷式的操作。老年人生活空间中各功能空间及其交界处，要根据情况留出足够的空间使轮椅通过，这可以给腿脚不方便的老年人留有余地，如图3.52中是为家中有轮椅的老年人设计的室内排水系统。

◆ 3.51
厨房便捷式操作

◆ 3.52
合理的排水

家具与设施

在老年人居住的环境中，所用的家具应是简单、稍低、柔软的，如转椅、安乐椅、软皮矮沙发、矮床等，家具形态应该尽量避免锐角。图3.53是专门为老年人设计的智能床，以方便老年人起居。另外我们应该为他们提供储存和陈列他们个人的物品、纪念品等东西的地方，这些东西不仅能够使他们联想起幸福和自我象征性的时刻，还能够使他们通过这些辉煌时刻的东西来想起当时独特的回忆，如图3.54中这样的照片墙能唤起老年人美好的回忆。

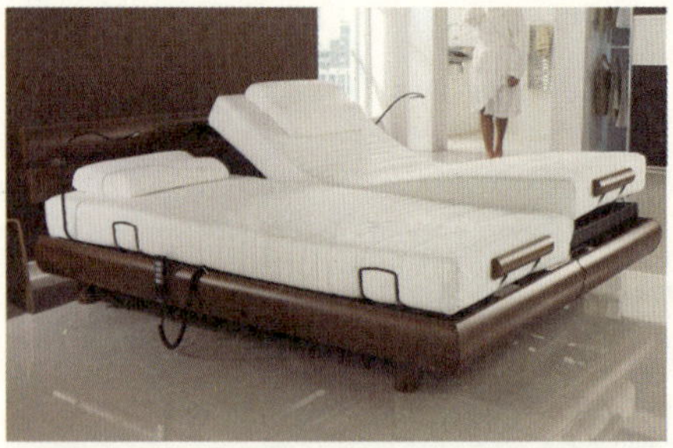

◆ 3.53
老人专用智能床

◆ 3.54
照片墙

漫步环境

在条件允许的情况下，我们应该为老年人提供可漫步、交流与来回徘徊的活动空间，这样能增加老年人的自由感。在环境中创造一些没有尽头的连续的路线，在路的周围修建一些有趣的公共活动区域，并且沿着这些漫步路线提供视觉和感觉体验，来促进漫步者停下，和周围环境做一些互动，这样能加大老年人的愉悦感，减少看护者的工作负担。如图3.55中随处可用的休憩空间方便老年人随时使用。家庭院子可以为居住者提供不易走失的户外空间。环形路线能够减少漫步者走失和迷失方向的恐惧感。同时应该在漫步路线上设置扶手和其他一些支持设施，这样可以保护存在平衡问题的人保持稳定。图3.56为户外无障碍设施。

◆ 3.55
小区内的公共休憩空间

◆ 3.56
室外无障碍设施

康复花园

老年人生活环境设计中应该融入自然的要素，运用自然植物来创造如康复花园等这样的绿色环境，为病人和家庭成员提供一个避难所，从封闭空间中释放出来。一些研究表明，一部分病人选择在绿荫中静坐，而一些人则热衷于在公园活动。另一个研究小组发现有植物的公园能够通过提供个人宣泄和身体康复的场所来降低普通人和病人的压力。在这里，我们可以通过将自然植物、流水、音乐和康复器材（如氧气瓶等）的配置相结合，来促进老年病人的健康恢复，使他们感受到的安全感最大化。图3.57与图3.58中的植物小景观能使老年人身心愉悦。

◆ 3.57
康复花园

◆ 3.58
植物有利于调节身体

3.3 残疾人群

在人类还无法控制残疾的当今社会里，总有10%的人或早或晚逃脱不了残疾的怪圈。2006年第二次全国残疾人抽样调查数据显示，全国有残疾人的家庭户共7050万户，占全国家庭户总户数的17.80%；其中有两个以上残疾人的家庭共876万户，占残疾人家庭户的12.43%。有残疾人的家庭户的总人口占全国总人口的19.98%。因此，我们应该提高对残疾人群的关注程度。

3.3.1 残疾人的定义及心理行为特点

根据大部分国家对残疾人的不同定义，以及对多数家庭的调查结果，我们可以将残疾人定义为人的身体中某个部位或多个部位出现功能失常、不足等先天缺陷或后天因素导致的身体部位或精神出现失常的人。一般是指在日常工作生活中，不能像正常人一样方便在社会上生活、工作的人。这些残疾包括行动受限，视觉、听觉受限，以及大多数智力障碍的情况（大脑性麻痹、痴呆、强迫症等），身体障碍（肥胖、侏儒症、巨人症），以及其他疾病（慢性疲劳综合症、关节炎、艾滋病）等等。

残疾人分类

根据残疾类型的不同，我们大体上可以把残疾人分成：1. 视力残疾人，指由于各种原因导致双眼视力低下并且不能矫正或视野缩小，以致影响其日常生活和社会参与。视力残疾包括视力弱和色盲。2. 听力残疾人，指人由于各种原因导致双耳不同程度的永久性听力障碍，听不到或听不清周围环境声及言语声，以致影响日常生活和社会参与。由于听觉能力不一样，他们参与社会活动的能力也不一样。3. 言语残疾人，指由于各种原因导致的不同程度的言语障碍（经治疗一年以上不愈或病程超过两年者），不能或难以进行正常的言语交往活动。言语残疾包括：失语，运动性语音障碍，器官结构异常所致的语音障碍，发声障碍（嗓音障碍），儿童言语发育迟滞，听力障碍所致的语言障碍，口吃等。4. 肢体残疾者，指人体运动系统的结构、功能损伤造成四肢残缺或四肢、躯干麻痹（瘫痪）、畸形等而致人体运动功能不同程度的丧失，以及活动受限或参与的局限。5. 智力残疾人，是指智力显著低于一般人水平并伴有适应行为的障碍。此类残疾是由于神经系统结构、功能障碍，使个体活动和参与受到限制，需要环境提供全面、广泛、有限和间歇的支持。

残疾人的心理特点

由于生理上的缺陷和功能上的不足，残疾者与健全人交往、交流存在一定的困难，造成他们生活、上学、就业、婚恋等方面的障碍。身体行动不便使他们的活动范围受限以及跟外界的接触很少，使他们产生孤独感。与别人不同的身体状况会带给他们异常的压力和强烈的自卑，久而久之，若得不到社会的理解、关怀与帮助就会悲观厌世，对生活失去热情和信心。

残疾者的生活圈子较小，自我意识较强，受身体残障的影响，独立从事某种活动的能力较差，因此常会感到失落和抑郁。当经过很大努力而获得某些成绩时，又往往因为身体的原因不被承认或得不到发挥所长的机会时，比如考上大学不被录取、有一技之长却不能就业，这种失落感和抑郁感会变得更加强烈，某些人甚至会变得愤世嫉俗。图3.59和图3.60为痛苦绝望中的残疾人。

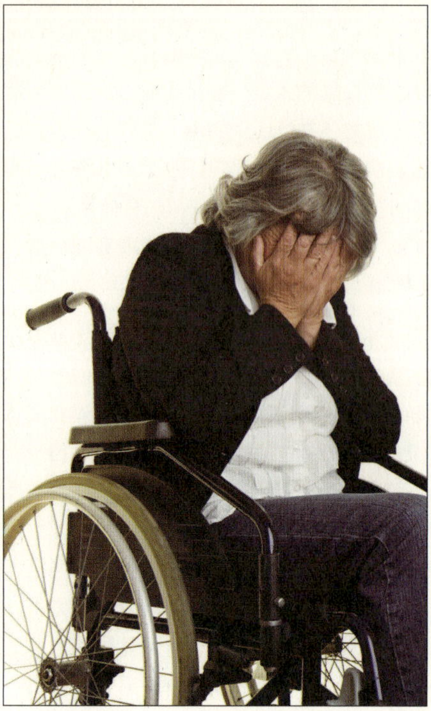

◆ 3.59
痛苦绝望中的老年残疾人

健康障碍

残疾者往往因身体的障碍对自身所处的环境没有控制力，这会让他们觉得不安和无助。这种不安感和无助感会使人产生自卑自怜的情绪，导致其不愿到公共场所、不愿出门与人交往、自信心降低、自我价值感丧失。

生活自理能力的不足或全部丧失使他们对其他人存在较强的依赖性，心理上希望被人给予更多的照顾、关心和帮助，但自尊心又使他们不愿轻易要求他人的帮助，他们常常处于这样的矛盾，使他们产生依赖性强而又孤傲的心理特征。

残疾者由于自身的生理缺陷往往会被他人轻视，因此形成自卑、敏感、多疑的性格特征。特别当身体的残障限制了他们的活动范围和能力，甚至要长期卧床时，他们普遍会产生焦虑、烦躁、恐惧、忧伤等情绪，这种复杂而微妙的心理令人难以捉摸。

3.3.2 残疾人对环境设计的需求

由于残疾人生理与心理的特殊性，残疾人对环境的需求也不一样，例如他们过分强调环境的安全感与归属感，以弥补他们由于身体残疾而削弱对环境的把控能力。在强烈需求沟通与理解的同时，他们也需要更为安全的私密空间以提供其休息。

舒适性需求

舒适性是人追求的最基本的目标，是由多因素多层次构成的，它包括生理上的和谐、功能上的方便以及心理上的舒畅和愉快等。其主要涉及完善的设施、足够的建筑面积、良好的物理条件（保暖、隔热、隔声、光照和通风状况等）等客观需求。心理舒适感与生理需求有着非常紧密的联系，当生理需求不能得到满足时，反映在人的心理上就必然感觉到不舒适。

空间环境的好坏对残疾人的心理状态有很大的影响，因此建筑师应该尽可能地创造出健康舒适的建筑室内外环境，减轻残疾人的不适感和陌生感。建筑空间内的声环境、光环境和室内空气品质是残疾人最直接感触的环境要素，已越来越受到人们的关注。舒适典雅的空间、健康宜人的环境可使残疾人心情舒畅，在健康舒适的环境中康复。图3.60和图3.61中室内外舒适与便利的环境，能让残疾人心情舒畅。

◆ 3.60
带有康复作用的舒适住宅环境

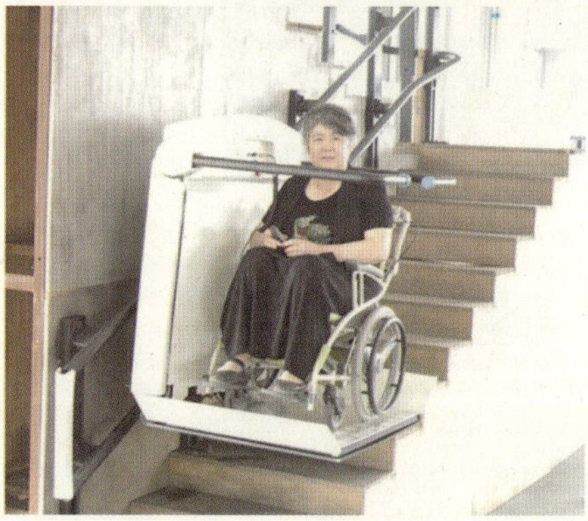

◆ 3.61
便利的室外残疾人设施

领域感需求

“领域”的概念源自个体生态学，意思是指针对其他成员的受保护区域。心理学家和社会学家在对人和动物的观察过程中得出领域空间的特征：领域空间是群体或个人所专有控制的空间；当领域空间受到侵犯时，拥有者将会做出防卫反应；领域性是人的一种本能行为，但文化背景的不同会对领域空间造成影响。领域的所有者对领域的认同，并在某种程度上表达出来，就构成了领域感，即群体或个人控制某个物体或场所的能力和感觉。行为上则表现为人们能根据个人喜好使用空间并在实质上对其加以改变以反映他们的特性。图3.62是环境中人们会根据自身要求划分各自的领域空间。

设计师在进行环境设计，特别是对公共空间环境的设计时，应该加强残疾人使用空间的领域性环境的创造。因为领域的建立能增强残疾人对环境的控制感。其次，领域感可以增加残疾人之间交往活动的频率。一个空间如果没有对所有权和控制权进行暗示或明示，人们在空间里的相互交往就会变得混乱，甚至发生争执。

◆ 3.62
领域意识

归属感需求

归属感是指人们对本地域或人群的喜爱、依恋、关怀、认同等心理感受，如对建筑环境的积极感受和由此所产生的特有的感情。据心理学家证实，人的本能具有合群倾向，它导致人和人之间为了满足各自需求而结成不同的群体。

归属感可以增加残疾人与身边人员的情感联系，有利于残疾人提高对建筑环境的信任度，缓解心理上的压力。图3.63与图3.64中的环境会给人温暖的感觉。

◆ 3.63
温馨的家会给人带来归属感

◆ 3.64
暖光会带给人归属感

与他人交往的需求

物质条件对人类的生存固然重要，但精神条件也同样重要。人的合群倾向决定人需要与其他人进行自由交流、分工合作，这是保证环境凝聚力和个人发展的重要前提。适度的人际交往不仅能减轻残疾人的焦躁感，协调残疾人的行为，减少看护者的压力，还能提高残疾人对环境的认同感及归属感。因此设计师应该在环境空间中为残疾人提供一个可以自由交流的场所，以提高残疾人的生活满意度。如图3.65和图3.66所示，良好的交往空间对改善残疾人的心理状况大有好处。

◆ 3.65
交流的重要性

◆ 3.66
室外交往空间

私密性需求

私密性即某群体（或个人）在某种情况下，要求所处环境能隔绝外界干扰，可以自由支配自己的环境，从而在独处的情况下，能自由地表达感情，自由地控制、选择和其他人交换信息，个人或群体通过私密性调节自己和其他人的接近程度。这也是人们最基本的心理需求之一。空间环境的私密性具体体现在社会学行为、生理性行为、文化性行为等行为上。在人们的生理性行为当中，私密性要求相对较高，如洗浴、睡眠、更衣、排泄等，而文化性和社会性行为对私密性的要求一般不高。在开放的空间环境中，如何有效地保护患者的隐私，满足残疾人的私密性需求也非常重要。为此，我们既要排除外界的噪音与视线的干扰，又要在建筑空间设计与平面布局上尽量避免不同功能房间之间的相互干扰，创造出舒适宜人的私密空间。如图3.67和图3.68中所示的这种私密空间，有助于满足残疾人私密生活的需要。

◆ 3.67
室内私密空间

◆ 3.68
室外私密空间

接近自然的需求

人对自然环境有着最本能的需求。人类来自于自然界，虽然人类已经适应了自己所创造出的人工环境，但从心理上仍然保留了对接近自然的渴望与习惯。残疾人大部分的时间是在室内度过的，将自然因素引入室内有助于残疾人疾病的治疗，尤其是在远离了自然的高层建筑环境中，就更需要利用植物来软化周围实墙的硬质地；通过利用植物轻巧、穿透的特性和渐进的层次，使空间环境富有通透感，为整个空间环境增添生气，更多添了一份自然气息。图3.69和图3.70中在室内引入自然环境对改善室内环境与残疾人心理非常有好处。

◆ 3.69
室内自然景观

◆ 3.70
将植物引进室内

3.3.3 残疾人环境设计

根据残疾人对环境需求的不同，残疾人环境设计会与普通环境有所区别，例如尺度、色彩环境、光环境等等，都会随着残疾人生理和心理特点的改变而不一样。

色彩

人对色彩的感知在浅层次上会造成人生理上的反应，进而深层次上影响人的情绪和精神状态，使人产生联想、回忆等心理变化。为残疾人设计的环境中，色彩的作用应该受到设计者的重视。有关研究表明，病人的身体状况和精神状态在相当大的程度上同他们所在房间的环境色彩有关。如淡蓝色对发高烧的病人有稳定情绪、逐步退热的好处；紫色使人安静，可抑制活动神经、淋巴细胞和心脏的活动；绿色环境可使人的皮肤温度降低2℃左右，心跳每分钟减少4~8次，使呼吸变缓，心脏负担减轻，因此绿色使人平静；粉红色可以使人的怒火渐渐平息，因为它能使人的肾上腺素分泌减少、心跳减慢、减弱心肌的收缩力量；赭石色则有助于低血压患者提高血压。此外，当人长期处于某种单一色彩的环境中，他的生理感受就会发生变化和紊乱，产生诸多的生理不适，如眼睛干燥、疲劳、心慌、烦躁、情绪低落或亢奋等。因此，在不同功能的空间使用相应的色彩可以起到调节残疾人情绪、辅助医疗的作用。如果在环境中适当使用淡的、柔和的中性暖色调，还可以使病人得到较好的放松和休息。如图3.71与图3.72所示，不同的色彩空间会给人带来不同的心理感受。

◆ 3.71
不同颜色的搭配会给空间带来不同的感受

◆ 3.72
暖色系为空间带来活力与热情

空间环境

平面布局是建筑、室内与景观设计的关键，它的合理与否影响到环境的使用效果。从心理学角度讲，建筑环境平面应尽量满足人在不同场合下较高层次的需要。以残疾人康复中心为例，在康复中心中，如病人住院后必然希望有一个安静、舒适而又安全、可以信赖的环境，以便早日康复，通过高效率的护理设施加上良好的室内环境可以较好地满足这一需求。对于空间环境心理方面的设计，可根据人的心理距离和实际距离的关系、个人空间和他人空间的交叉、空间的开敞感和封闭感等，恰当地组织空间，包括空间的围合、敞开、曲线变化等，调整空间的形状、面积、高度、距离等，并结合装修、色彩、光线等手法获得良好的空间氛围。通过绿化、空间层次的变化可获得丰富的空间感受，使残疾人的心理压力得到缓解。

此外，可在建筑入口处加入过渡空间，使人从嘈杂的街道逐渐进入到安静的建筑内部。适宜的空间尺度与人的行为活动、交往模式、心理感受相匹配，并受周围建筑、空间围合感等因素影响，亲切、宜人的尺度是交往空间必备的重要条件。图3.73与图3.74中的室内外环境会让残疾人感到舒适。

表3.4为残疾人公共环境障碍设计的具体方法，针对不同的情况，我们给出了不同的空间尺度。

◆ 3.73
建筑入口处的过渡空间

◆ 3.74
开敞的室内公共交流区

表3.4　楼梯对于使用移动辅助设施的人形成障碍

问题	环境障碍	通用设计方法
移动性	楼梯对使用移动辅助设备的人来说是巨大挑战	一站式的生活居所；无楼梯的入口通道；逐渐倾斜的斜面与安全扶手；电梯
	门槛抬高的变化往往会导致绊倒 和坠落等伤害	内置齐平地板
	使用拐杖和轮椅的人在走廊和入口处需要足够的空间	折叠门; 门道宽度至少0.8m; 走廊宽度至少1m
	使用助行器和轮椅的人需要足够的空间去绕开家具	家具周围地面空间的宽度至少0.8m
稳定性	光滑、潮湿的地板是易滑的	在地板、浴缸和坡道上使用防滑面
	人们在头晕时需要感觉自己是稳定的，没有坠落的危险	在走廊和浴室安装把手或扶手
	视障人士在昏暗的灯光下，间接照明会导致产生影响深度知觉的阴影	明亮的直接照明，尤其是在楼梯间和入口通道
手柄	球形门把手对缺乏力量感或不够敏捷的人来说很不便	杠杆门把手
	套索钉和扭曲型开关需要手的灵活度	跷板开关灯
高度	固定的架子，可能需要使用梯凳或方便获取的设备	可调式搁板和支架
	安装在标准高度的电源插座不方便坐轮椅的人使用，也不方便那些不能弯曲或下蹲的人使用	电源插座安装在地板以上0.6~0.9m

光环境

人对光环境的审美感知是十分奇妙的。生理学家认为，不同波长的光线在大脑神经系统中产生的刺激，在强度和结构上与人类的外部物理结构、生理感受结构以及社会情感结构可以产生不同程度的契合。针对不同的残疾人，我们应该设置特殊的环境照明。例如对那些有视觉障碍的残疾人，我们应该考虑使用适当的照明水平。因为在某些情况下过于明亮的照明和眩光可能会加剧视力受损。这样设计师应优先考虑提供无眩光或重影的水平照明环境。图3.75中这种光环境设计有利于残疾人对环境的识别。

◆ 3.75
残疾人公共环境照明

标识环境

建筑环境中，标识用文字、图像、图形、声音等信息与载体构建成一个人工环境，地面、墙面、文字、公共艺术、电子信息等都是潜在的标识元素。室内空间的标识主要包括室内的楼宇内部标识、公共区域引导标识、通道引导标识（水平、垂直）、楼层索引、公共服务设施标识（洗手间、问询处等）、科室门牌标识、公告栏、紧急疏散、安全门、设施牌、窗口牌、桌牌等。残疾人由于身体某些器官的缺失或损伤，感官系统不健全，因而在环境中更需要依靠各种标识的指引来完成环境的导向和定位，尤其是色彩、盲文和语音标识系统的运用更具实践意义。图3.76和图3.77为室内外盲人标识。

◆ 3.76
室内盲人标识

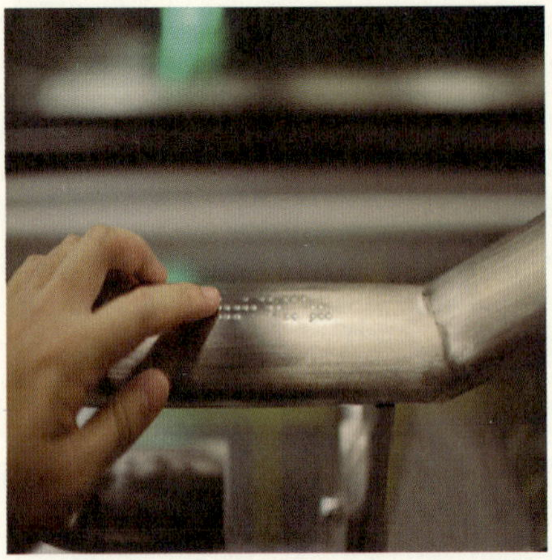

◆ 3.77
室外盲人标识

表3.5是针对ADA患者的室内外环境标识设计指南，根据这个表，设计师可以对残疾人环境标识系统进行有效的设计。

表3.5　ADA患者的室内和室外标志

ADA指南的内部和外部标识
有四类内部和外部被ADA指南涵盖的标识： 1. 永久标识必须被安装在指定房间和空间，不能经常改变。这些标识包括触觉点和字母。 2. 用于指示或传达其他标识信息，如功能性空格必须被安装在墙壁上。这些标识并不需要触觉点字或字母，但必须符合标准字符的比例和高度的要求以及用于精加工和对比度的要求。 3. 上面的标识的间隙必须符合要求，包括特定的比例和高度，以及作为面漆和对比度 。 4. 临时标识不需要符合ADA技术指导。

听觉环境

声环境是听觉环境设计的重要部分，为残疾人提供良好的听觉环境是设计师义不容辞的责任和义务。噪音是影响听觉环境舒适性的重要因素。噪声是泛指人们所讨厌或对别人造成干扰的声音。因为残疾人的听阈比健康人低，所以残疾人几乎总是比健康人对噪声更加敏感。 创造使人感觉舒适健康的声环境，不仅要被动地防止和治理噪声，更要从主观上积极营造适宜的声环境。表3.6为残疾人环境设计中所涉及的噪音源及解决方案。

表3.6 噪音源及解决方案

来源	设计解决方案
嘈杂的家用电器	安装振动支架；在隔音罩隔离源
通风噪音	降低鼓风机转速；在管道安装声衬和灵活的连接器。
混响噪声	安装吸声材料，如地毯，垫，窗帘，软垫家具，隔音墙等，吸声材料的面积应为总的至少四分之一房间面积
高音调的声音，从通风，采暖和制冷系统，通过熔炉的高速气流的燃烧器，或磨损或损坏洗衣机。	减少管道系统中的压力，隔离管道和阀门所临近的墙壁和地板，减少对使用空间的影响。 更换已磨损或损坏的水龙头，包扎管道。
谈话的声音过大（高于70分贝3至5英尺）	安装声音绝缘屏风，或在墙体中增加隔音材料。
邻近的对话（声音，从传输到一个分区或管道系统，通风管道）	在天花板和地板墙上填补或密封所有肉眼可见的裂纹。卸下所有电源插座的盖板，墙检内部的安装;用密封包腔体与泡沫垫或黄麻纤维等弹性填料填缝。
来自楼上的噪音	在石膏板吊顶与楼板之间安装隔音材料，或选择吸音材料作为天花饰面板。
室外噪音	安装窗口中的“插头”-在门和窗的空隙中安装隔音材料；安装暴风门窗，更换空心或镶板木门与实芯门。

触觉环境

在环境设计中，触觉环境主要决定于建筑环境材料的选择。日趋完美的技术使现代建筑材料可以有效地抵御时间的浸染，但生活在这些刚性材料（如玻璃、瓷砖、塑料、不锈钢等）所构成的世界里，人们普遍会感到迷失，失去对自身生命的敏感而变得迟钝。人类向往、亲近自然的本性也决定了使用带有天然纹理的装饰材料和木质构件的空间能给人带来舒适的感觉。因此，无论是在为残疾人设计的公共空间还是私密性空间，我们都应重视不同质感的材料带给患者的心理感受，并在适当的位置使用木质等构件或装饰，以打破普通贴面和涂料带给患者的单调、冰冷的感觉。图3.78和图3.79为某残疾人康复中心室内设计，室内空间的材料让人觉得舒适温馨。

◆ 3.78
某残疾人康复中心室内场景

◆ 3.79
某残疾人康复中心活动室

热工环境

室内热工环境受室内热辐射、室内温度、湿度、空气流速等因素的综合影响。为了满足残疾人舒适、健康的要求，在为残疾人进行室内外设计时，应结合空间布局、材料构造、家具陈设、色彩、绿化等方面综合考虑温度的控制与调试。

调查目标

1. 设计幼儿的生活空间时，要考虑哪些重要因素？应该如何设计以促进幼儿的心理发展？提供一个你认为优秀的幼儿生活环境设计案例。

2. 描述不同年龄段的老年人的特点以及需求。如何设计才能满足老年人的需求？

3. 如果要针对青春期少年做房间，在用户访谈时，你会问哪些问题？你希望获得哪些信息，以确保空间设计符合用户的实际需求？

4. 私人空间设计会如何鼓励老年人参加体育健康活动？

5. 观察个体如何穿过一个拥挤的零售空间，哪些信息和服务可能会给他们提供帮助。联系当地商场的经理，了解他们商场的空间使用方法。并思考这些给了你什么新想法？

PART 4 环境设计中的心理学应用

一个城市是由成千上万个建筑个体及建筑群组成的，每一栋建筑物都包含内外两个部分。本章将结合部分空间的室外环境，重点探讨环境设计心理学在建筑室内空间环境中的运用。建筑、室内外环境应该是一个有序的整体，而环境设计心理学应当被看做是它们的原始依据，也应当被看做其评价标准，这不仅影响到建筑环境空间组织大局，更重要的是创造适合使用者心理需求的室内外空间环境。

4.1 居住环境

“居住”在人类生存行为中占有极重要的地位，尽管居住和健康、家庭关系、经济收入、生活品质等因素最为密切，但对环境设计而言，居住环境较其他因素更容易受到设计和规划的改变，从而影响人的生活。

住宅与家

住宅是生活中最重要的场所之一。从生命的开始到终结，人的绝大部分时间是在住宅里度过的。据科学统计，一个人每天会在住宅里度过平均约13~14个小时。另外，住宅中体现了人们最重要的社会关系，如图4.1所示，家中有丈夫、妻子、父母以及孩子等，人们会在一起分享住宅空间。再者，面对城市里的各种压力，住宅也是人们重要的“避风港湾”，人们在自己家里享有较多自由，较少受到外界的干扰与限制。因此，住宅对人们来说不仅仅是一个纯粹功能性的、实用性的空间。人们在与住宅的相互作用过程中，住宅被附加了一系列重要的心理上的意义和价值。它不仅是一个场所，也是一个象征。也因为这个原因我们才会把住宅称为“家”，“家”这个词比住宅有更丰富的色彩和更深刻的心理内涵。

“家”是一系列条件结合起来形成的概念，除了物质组成部分外，文化观念和心理在其中起着非常重要的作用，这个作用主要是指家给人们带来的心理上的安全和安定的情感作用。对于人来说，“家”不仅仅是一个物理地点，它还是人们情感与环境产生连接的重要场所。家的环境可以认为是由自然、稳定的心理和社会过程，以及物质结构多方面组成，但是家包含的意义远远高于物理建筑。例如在传统的西部文化中，居所对旅游或行动在外的人来说有一种返回的心理倾向。在大多数人的心里，家象征着稳定、安全、安定。如图4.2所示，家通过回忆和情感的方法提供了自我认同的路径。另外通过家里环境的个性化装饰，使我们在家中拓展自身、释放自我。当我们将一种自己的独特风格融入一个房间时，作为一个家，我们对生活和个性的理解全部融入其中。人们通常以家为主题与邻居交流关于自己的事情，也将外界一些小物品摆放到内部空间，以反映居住者的个性。通过自我表达和人性化，家变成“我们是谁”的象征；它既象征温暖和安全，又提供我们身体和心理所需的健康，这也许就是为什么当一个人想起家的时候，会表现出无限的喜悦与强烈的渴望。

◆ 4.1
家意味着亲人

◆ 4.2
家是生活场所

环境认知

人对居住环境的认知由物理环境形态与人在环境中的经历两部分组成。例如，当一个人离开很多年重新回到家时，以前的记忆就可能浮现在眼前，甚至引发以前的行为模式。这些记忆之所以可以保持这么久，是因为环境本身对心理的影响可以唤醒或改变一个人对时间和地点的感觉。人会因为在环境中发生过的事件，对地点产生特定的感受与认知，比如孩子和老人会将一个特定的地点定义为害怕和危险之源。这个定义可能会引起他们对那些环境的消极感觉。如图4.3所示，一个孩子把积极的感觉和奶奶的房子联系起来，仅仅是提到那个地方就会唤起快乐的感觉和行为。

一些研究者发现，目前人们对地点的心理感觉和地点物理特性的区别变得越来越模糊。住宅对于人们的内心来说具有不同意义。一个家的地点除了具有物理环境特性外，它还意味着某些与自己或他人相关联的心理文化意义。另外地点的意义会随着时间、人们的经历、人格以及人际圈的不同而改变。例如一个地点或环境对人的心理形成正面的影响时，人们会主动对地点环境进行认同，并将自己的情绪、记忆、期望、人格特性等内容融入到环境感受中，并对这个地点寄予依恋。如果一个人在某个地点被干扰或产生过负面事件，他会拒绝和这个地点产生任何心理联系。当人们看到图4.4中的环境时，会产生很多联想。

◆ 4.3
孩子会把积极的感觉和奶奶的房子联系起来

◆ 4.4
人对于某些地点会产生心理联系

地点依恋

地点依恋是人、社会和物理环境交互作用产生的。它会随着时间的推移而改变。我们不仅通过对地点所产生的依恋表达我们对自我的想象，它还满足我们对归属感、自由感和安全感的需求。一些研究表明，强烈的地点依恋与减缓情绪和调节隐私有关，它是人的心理完成同一性的一个重要部分。例如，年纪稍大的青少年如果感觉到自己的房间被侵犯（比如被责备或遭受了过度的噪音），他们会倾向于离开。因此我们要减少环境对他们房间产生的干扰，通过适当的设计加强他们对环境的控制感，并产生对环境的依赖。

年龄、性别和特定环境会影响孩子的环境性行为和观点。小孩子们喜欢安全并满足他们玩耍需求的地方，而大点的孩子和青年则倾向于舒适、平稳、放松和漂亮的住宅环境。这种对环境的认同意味着他们对环境寄予独有的依赖。住所的意义可以是积极的也可以是消极的，住所的依赖可以依存于这个积极或消极的意义。例如父母对住所的依赖也可能是因为这里发生过他们儿女的悲剧事故。如图4.5与图4.6所示，人们也可能会因为居住时间的长短对住所形成临时的或长久的依赖。总之，住宅是满足人们对地点依恋的重要场所，也是人们回归自我的重要环境。

◆ 4.5
家庭住所

◆ 4.6
住宅

4.1.1 家居环境

人在住宅室内的行为需求

对于大多数人来说，居住环境的满意度与住宅功能是否满足他们的需要十分相关。居住的功能性空间一般分三个层级：一层级空间是公共或共同区域，是进行交流和社会性活动的空间（如客厅和饭厅）；二层级空间也是公共的，交流与社会性活动交互，同时空间活动会转移（如厨房、走廊）；三层级空间是独立的或个人空间（如浴室、卧室），满足居民独自行动的需求。

设计中我们发现，其实住宅环境中有五种行为要求是满足住宅设计功能性需求的重要因素，即交流、易接近性：自由、占有与放松。

1. 交流

只要是多人存在的空间就会有交流发生，设计者必须明确住宅中什么时候会有大量的交流，同时注意在不同的家庭交流中会发生变化。一层级的公共性交流活动倾向于在如图4.7所示的客厅（起居室）或厨房里发生。二层级空间的交流可能会受到距离的影响，如图4.8所示，它们可能关着的门或睡觉的时间等因素牵制。因此我们应该在这些交流空间中提供舒适的语言交流环境。我们可以通过空间的组织或不同家具的围合来满足不同层级对交流的需要，并且创造一个良好的通话系统环境，让交流在这些空间中更容易。

◆ 4.7
一层级的公共性交流活动

◆ 4.8
交流可能会受到关着的门或睡觉时间不一样等等因素的牵制

2. 易接近性

易接近性是指空间应该提供方便人们进行交互、分享活动使用时的条件（如尺度和家居摆设），同时满足互动活动的隐私性。在这样的环境中，使用者会更愿意停留并使用。因此住宅的位置很重要，既要充分保证交流又要远离如办公、健身等空间，以保证活动的私密性。视觉和听觉的隐私也是易接近性的一部分。为了保护视觉隐私，我们可以设置一定的隔断来达到空间分割的效果，同时为了保护听觉隐私，也可以建造隔音墙或其他结构来降低声音，如图4.9。另外，我们应该为孩子提供活动空间，让空间设施具有一定的多功能与可移动性来满足孩子多方面的活动需求，如图4.10。

◆ 4.9
客厅隔断

◆ 4.10
家里的儿童活动空间

3. 自由

许多人把他们的家看做避难所，他们可以在里面做任何他们愿意做的事，比如看喜欢的电视节目、随意地光脚走等。我们可以通过降低室内设施的限制性来达到这一点，如设计隔断的合理高度，选择不同透光或视觉遮挡的材质以满足空间的灵活性。在高密度的环境中，人们的自由可能会受到影响。如图4.11和图4.12所示，环境的尺度和视觉可控性非常重要。

◆ 4.11
家里适当的隔断能满足空间的灵活性

◆ 4.12
客厅里的隔断

4. 占有

使用者对空间的占有方式直接影响我们的设计。因为住宅空间可能只具有某项单一的功能，如工作、娱乐社交，也可能是这些活动的不同组合。同时我们会在这些环境中放置大量与活动相关的设备、座椅、电脑系统、家庭影院等。无论是多功能还是单一功能，我们都应该为主要活动提供合理的空间和设备。例如住户是个台球爱好者，有一个台球桌，我们就应该提供足够的空间来让住户舒适地玩，空间中影响这些活动的设施如电视、柜子，则应考虑取消。

对空间的占有或使用方式还应该根据建筑环境来决定，如图4.13所示，地下室通常用于储藏，但同时它空间大、温度低、噪音低，可能更能满足影音室、健身房等需要低噪音的空间。

◆ 4.13
地下室家庭影院

5. 放松

在当前如此复杂的社会环境下，放松对于居住者来说变得尤为重要。因为家是人们在一天的活动后可以减压的地方，因此设计者必须考虑环境的刺激水平。例如噪音是主要的压力刺激源，还有光线和嗅觉，设计者必须尽可能地减少噪音，控制光线，注意装饰的形态与搭配。

4.1.2 影响住宅室内环境满意度的其他因素

1. 社会角色

人的职业及身份特征对住宅环境的选择影响非常大。一项对客厅布局的研究发现，根据客厅家具的摆放和空间的布置，我们可以把人对室内空间的偏好分为五类，见表4.1。

表4.1　不同个性的人的设计偏好

类型	设计偏好
A	环境设计的特点是非对称的、古怪的、不常见的。现代设计混合的家具、挂毯、丝绸屏风以及古董将会增加A型人与环境的友好关系
B	尽管与A型相似，但是B型人偏好不贵的、有更多功能的物品；这类人不是非常富裕，所以他们纯粹地以美学的视角看待所属品
C	C型人拥有昂贵的艺术品，偏好木质地板，以仪式或招摇的方式陈列古物。这类人较为富裕，将所属品作为地位的象征
D	与C型相反，D型偏好不贵的物品和代表性的陈设，例如艺术品的复制品；这类人更喜欢对称的布局。
E	E型人有价值的物品很少，偏向于以非常对称的方式布置所属品

从表中我们可以发现，A型人和B型人一般有专业性比较强的职业，不喜欢过度消费，偏好更文艺的装饰；他们热爱旧的事物，偏好智力型的娱乐活动。C型和D型大多是成功的商人，年纪偏大，他们喜欢代表身份地位的环境装饰，他们希望环境能代表传统的社会规则与行为，同时表现出社会等级与地位。E型人的社会资源有限，一般是退休的、年长的老人或普通职员，他们对环境要求的随意性很强，没有过多的要求，主要是经济、适用。

2. 年龄和人生阶段

随着我们的年龄变化和我们的需要、目标、地位的改变，我们对住宅环境的要求也会变化。例如，许多年老的人厌倦了大家庭的生活后，变为空巢老人。但由于他们在大家庭的生活中体验到的满意已经消失，他们会选择搬迁到温暖的地区，搬进不太需要维护的房子。同样，有孩子的家庭特别偏好开阔的地区，选择配套良好的住宅区，因为这里会有更多的学校和室外空间，还有其他有小孩的家庭，他们可以互相帮助、照顾孩子。年老的夫妻和单身的成年人更偏好在市区中心居住，在那里交通和服务比较方便。年轻人更倾心于华丽的居住环境，而中老年人则偏向朴素的居室环境。

3. 性别

性别对住宅环境的影响非常大，一般情况下男性更容易放弃对家居环境审美的要求，而女性因为要承担照看孩子、老人和处理家庭事物的重担，她们在住宅中待的时间更多，因此住宅环境会更多地结合女性的需要而设计。女性一般偏向面积不大的住宅，室内有更多的公共空间；男性则偏好大面积住宅，强调对称性，装饰朴素，因为他们往往会通过住宅面积来评估自己在社会中的位置。以厨房空间的开放性为例，在外面工作的女性比其他人更热爱开放的厨房。家庭妇女一般会偏好对住宅进行分割，这样可以让他们体验不同的环境。总之，女性更偏好具有多种功能的、隐私性强、原始的环境；而男性更偏好朴素和有个人空间的环境。

4.1.3 住宅室内环境设计

1. 色彩

住宅室内环境中色彩设计的目的是让人在心理上达到一种愉悦、舒适的感受，在视觉上产生美的感觉，且具有均衡性。不论空间大小，色彩都可以创造及改变其格调。住宅室内色彩主要由室内界面、家具、陈设和家电几个部分组成。如果整个空间环境的色彩相协调，形成有机整体，便会使人产生强烈的美感、舒适感。相反，杂乱的色彩搭配则会使得整个家居环境变得零乱，使人感到不舒适。作为居室主要生活用品的家具和家电产品，其色彩关系到家居色彩的统一、和谐问题，即使是同一家电或家具产品的色彩选用的不同，也能够展现不同的环境气氛，为环境增添不同的情趣。如图4.14和图4.15中不同的色彩设计会让人有不同的感受。

◆ 4.14
色彩对空间的影响很大

◆ 4.15
和谐的色彩搭配使空间显得温馨

我们可以采取对比手法来完成室内的住宅色彩设计，可以通过光线的明暗对比、色彩的冷暖对比、材料的质地对比等达到这一目的。如图4.16所示，恰当的运用对比手段可以有效促进家居整体环境在视觉上的和谐性、舒适性，也可以运用调和的方式将色彩双方通过缓冲与融合的手段组织在一块。调和的方法有很多种，如近似色、临近色、补色的搭配等，不同的搭配方式会产生不同的室内效果，并引起心理反应。例如，近似色的搭配会产生朦胧、柔和、高度统一的效果，给人以和谐、大方的感受，如图4.17所示。补色搭配则会产生强烈的视觉冲击，给人活泼、激动的心理感受。

◆ 4.16
对比色空间

◆ 4.17
近似色空间

2. 材料与质感

材料表面的组织构造称之为材质（又称肌理），每种材料各有其特有的材质，不同的材质会给我们带来特有的心理感受，这种感受称之为质感。换句话说，材料质感是对材料视觉、触觉等综合判断后产生的一种感觉。如图4.18所示，木质材料可以给人温暖的感受。因此质感包括两个方面的含义：一是视觉上的质感，即通过眼睛可看出材料的不同，如有光和无光，细腻和粗糙，有纹理和无纹理等；二是触觉上的质感，即通过触觉感受到材料的特点，如粗糙与细腻，凹与凸，软与硬，冷与热等。不同的质感关系给人的心理感受不一样，如图4.19所示，以舒适为目的的住宅室内环境设计，追求一种温暖、易接近且易清洁的材质环境。针对这一点，无论从材质类型还是纹理、图案上，我们都要有所考虑。

◆ 4.18
木质材料给人温暖的感觉

◆ 4.19
多种形式的材料在同一空间中的结合

3. 光环境

居室光环境的塑造对居室整体视觉效果有较大的影响，照明光线可以减弱居室整体的视觉效果，也可以强化居室整体的视觉效果。同时还可以利用灯光的光影效果对居室环境空间进行光影造型，用光影来创造居室空间环境的层次感和韵律感，营造美的家庭氛围，例如同一空间配以不同色彩的灯光会使人产生不同的心理感受。

室内光环境设计主要受到几个方面的影响，一是光照方式，即光照的位置和目的，如顶面照明、墙面照明或地面照明等。二是光源色彩，即照明光线的色彩倾向，如白色光源和黄色光源。三是光照强度与角度。

无论是哪种照明和照明组合，结合室内原有的色彩、材质、形态环境都会产生不同的视觉效果及心理反应。如白色光源在室内的照明功能性效果最好，使人容易看清东西，但给人冰冷的感觉；黄色光源虽然对色彩的显色有一定影响，但在室内空间容易引起温暖和让人愿意接近的感受。直接照明是将环境直接暴露在光照环境中，而间接照明则不会产生视觉上的眩光，能给人柔和舒适的视觉感受，如图4.20所示，不同环境对光的要求不同，因此我们应根据不同住宅环境需要形成的环境心理特征来对光进行设计。

◆ 4.20 不同环境对光环境的要求也不同

4. 热环境

空调系统的诞生保证了住宅室内空间有良好的气候和通风条件，弥补了室内温湿度和空气流通不佳对人身心造成的影响。室内热环境是由室外的自然条件和建筑物的隔热性能、太阳辐射屏蔽性等建筑物性能，以及采暖和通风换气等设备性能共同作用构成的。创造室内适当的热环境最重要的任务就是缓和或隔断外部自然条件因季节变化造成的影响，以便使室内更加舒适，更好地发挥效率。

4.1.4 居住区环境设计

居住区环境中承载了不同人群和不同类型的活动需要，如老年人的休息运动、儿童的娱乐、成年人之间的交流、亲子和互动。居住区的环境设计不仅要有效的考虑不同人群的活动需要，更要注重如何通过设计提高居住区环境的舒适度与空间使用的有效性。

居住区居民行为类型

丹麦学者扬·盖尔通过研究总结出公共空间中的户外活动可以划分为三大类型，即必要性活动、自发性活动和社会性活动。在此基础上，我们可以对居住区活动进一步细化分类，基本分为以下六类活动。

（1）交往：居住区交往主要有两类，一类是没有特定的安排，如居民自主闲谈、倾听、结交等活动；另一类是有一定的组织和安排，如社区公益活动、居民相约跳舞等。

（2）休憩：休憩是居住区活动的基本形式之一，一般指在室外公共空间进行低强度运动或放松精神的活动，主要有步憩和坐憩行为等，如闲坐、散步、乘凉和遛狗等。

（3）康体：在小区内进行的康体活动一般是以健康为目的，如网球、羽毛球、跑步、打拳等。

（4）文娱：这类活动带有明显的文化性和娱乐性，如阅读书籍报刊、下棋、影视欣赏等。

（5）游戏：主要指以儿童为活动主体的行为，游戏的过程多包含儿童探索和学习的因素，比如戏水池、室外器材游戏等。在这一活动中，往往会有家长的陪同，所以儿童活动往往会引起成人间的交往活动。

（6）餐饮购物：在不少小区内，餐饮设施和日常购物环境比较快捷方便，居民往往以轻松愉快的心态参与进来，从而使餐饮购物等活动也带有了休闲色彩。

当然，以上居民室外活动并非是严格区分的，而是存在着部分交叉和重合。

随着现代生活方式的改变，比如网络技术的不断发展，使得居民在人际交往、购物、娱乐等需要与人面对面交往的行为发生了很大改变，大大降低了居民对物质空间环境及活动设施的依赖，但是一个好的居住区环境依然可以促进居民的交流活动，比如激发居民在小区内进行更多的体育运动、人际交往活动等，反过来较多的居民室外活动又增加了环境的生气，使得小区室外空间更好地体现出环境存在的价值。

居民对居住区环境的心理需求

一个好的小区环境能够促使居民对所居住的环境产生一

种亲密感和依赖感，而这种亲密感和依赖感概括来讲就是对环境的归属要求。对居民来说，产生归属感的影响因素比较多，比如生态知觉理论中提到的安全感、舒适感、私密感等。在小区景观环境设计中，我们要十分注重人们的这些心理需求。此外，不同的年龄对居住区环境的需求也不一样。

1. 儿童

随着我国城市居住建筑建造模式的变化，多层和高层建筑是城市居住区建筑的主流，这种形态的建筑密度大，儿童的室外活动空间相对较小，由此当代儿童的室外活动时间非常受限制。所以，在当代居住区的居住条件下，我们要尽可能地为儿童提供一个宽敞、安全、有趣的室外活动空间。儿童进行室外游戏活动有符合其自身年龄段的特点，例如：

（1）同龄聚集性：在户外活动中，儿童一般喜欢与其年龄相仿的儿童一起玩耍。例如，3~6 岁的儿童多喜欢玩沙坑、跷跷板等，由于这个阶段的孩子年龄还比较小，所以一般需要家长的陪伴；7~12 岁的儿童则喜欢在户外相对比较宽敞的场地上进行活动，如进行球类游戏、丢沙包等，在这个阶段他们独立活动的能力已经比较强，所以一般没有家长的陪同，主要是同年龄段的儿童一起玩耍，具有一定的群聚性。

（2）时间性：对于儿童这一群体而言，居住区中一般在学生放学后以及晚饭前后儿童的户外活动较多，另外节假日儿童活动的时间也明显增多。

（3）季节性：一年四季中，一般夏季儿童户外游戏的时间最多，另外在春秋季气候条件较好的情况下儿童进行户外活动也比较多，但在寒冷的冬季，儿童户外的活动时间相对较少。

如图4.21，儿童在不同的环境和季节会进行不同的活动。

◆ 4.21 儿童户外活动

2. 老年人

在居住区中，老年人占有较大的比重。退休后，老年人的生活重心从工作转向生活，活动范围开始以家庭为中心，交往对象也往往以居住区内的居民为主。老年人离职之后可能会产生的孤独失落感促使他们渴望交往和广泛参与各项社会活动，大量的闲暇时间也大大提高了这种可能性。对老年人而言，影响其居住区活动的最主要因素之一便是身体健康问题，还有部分人有行动障碍，这就决定了他们对社区活动内容的选择和参与的程度有很大差别。相对于儿童和中青年，老年人对居住区环境有着更强的依赖性，他们更喜欢在自己熟悉的环境中活动，所以我们也应该非常注重针对老年人居住区空间环境的设计，如图4.22与图4.23所示，老年人会根据自身情况进行不同的户外活动。

◆ 4.22 老人在户外锻炼身体

◆ 4.23
老人散步

3. 中青年

中青年是居住区的另一个主要群体，但他们中大多数因为工作原因，造成在居住区中游憩的闲暇时间比较少，所以他们参与的居住区活动也相对较少，尤其在白天，活动者更是屈指可数。对于中青年来说，早晨起来进行晨练活动的比较少，他们喜欢在傍晚，一般是晚饭后外出散步、运动，有幼儿的夫妇则会在这个时间带孩子外出嬉戏、游玩，活动场地一般也会在居住区附近。如图4.24所示，跑步是青年人最喜欢在住宅周边进行的运动。

◆ 4.24 跑步的青年

居住区空间设计

小区环境对居民心理的影响主要体现在空间尺度、空间限定、空间形状、色彩、质感、造型等元素的运用上，因此设计中我们应该注重下面几个方面的问题。

1. 空间比例和尺度

空间尺度的大小具有相对性，不同的人会有不同的心理感受。心理学的研究表明，高大的空间一般给人以气派、豪华、庄严的心理感受，而矮小的空间一般会给人简朴、亲切、谦逊等心理感受。但是从另一个角度讲，大而无当的空间可能会让人觉得无所适从或不近人情，而过于闭塞的空间则有可能让人感觉封闭、压抑。例如图4.25所示的小区广场设计中，如果缺乏合理的活动分区和相应设施，人们会感觉这个区域过大，这样就会使人产生空旷的感觉，空间比较离散，不具备生气，人们待在这样的空间中会缺乏一定的控制感，那么居民会不愿停留在这样的空间中；反之，如图4.26所示，即使广场面积比较大，但通过景观小品的合理搭配和布置则会使人感到安定、亲切，从而吸引人们在广场中进行活动，这也与生态知觉理论的观点相吻合。

◆ 4.25
空旷的广场给人无所适从的感觉

◆ 4.26
合理的景观小品给人安定的感觉

对于空间大小的感受，会受到人的个性、文化背景、社会因素等多方面的影响，同时还与人对空间的熟悉和占有程度有关。不同的人对空间的心理适应程度是不完全相同的，在实际设计中要区别对待，不能用相同的标准一概而论。空间的大小虽然在很大程度上取决于它的绝对尺度，但它给人的心理尺度感受也会因设计手法的不同而产生不同的效果。

对于哪种空间尺度更有利于居民在心理上形成一定的领域感又不至于感觉过于封闭，要注意以下两种关系。

（1）观赏距离与实体高度的比例关系：在居住区空间中，由于居民所处的观赏距离和建筑实体的远近不同，会使人产生不同的空间感受。如图 4.27 和图4.28为实体高度与观赏距离的关系，观赏距离为D，实体高度为 H。

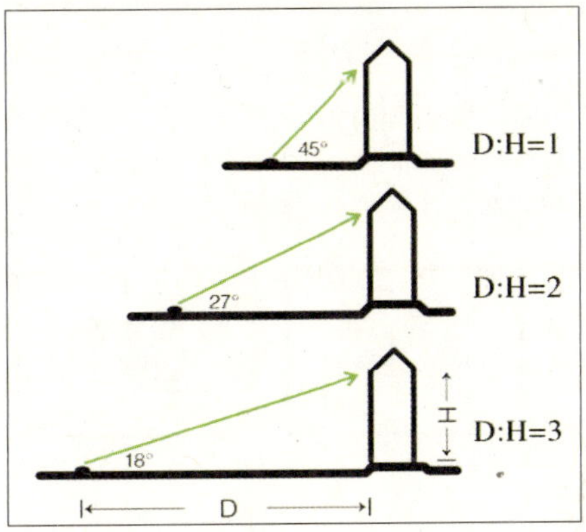

◆ 4.27
视角与空间尺度关系

D:H	垂直视角	视觉效果
1:1	45°	看清实体细部
2:1	27°	看清实体整部
3:1	18°	看清实体整体和背景

◆ 4.28
实体高度与观赏距离的关系

（2）空间比例与空间感的关系：空间本身长宽高的比例关系对于在其中活动的人会产生内聚或空旷的感觉，从而影响人对空间的感受。这些空间感受会对人产生封闭、舒适或开敞的心理感受，它们之间的关系如图 4.29和图4.30所示。

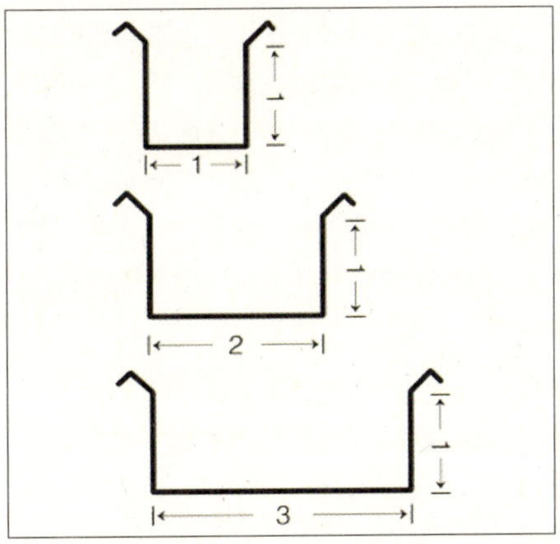

◆ 4.29
空间比例与空间感的关系

D:H	封闭与开敞	空间感受	空间类型
1:1	封闭	内聚感	“街型空间”
2:1	临界状态	安定感	“院落空间”
3:1	开敞	开放感	“庭式空间”

◆ 4.30
实体高度与空间距离的关系

2. 空间限定

在外部空间中，空间的基本限定方式主要有三种，即围合、占领以及占领物间的联系，如图4.31所示。

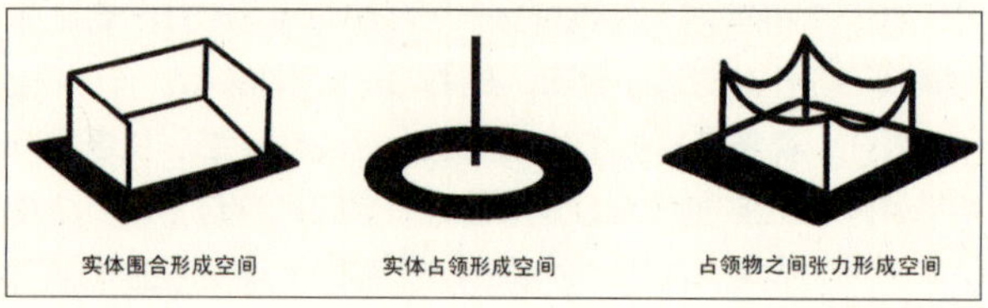

◆ 4.31 空间的基本限定方式

围合空间一般具有很强的地域性和私密性，能够给人提供一定的安全感和亲切感，是比较适合居民进行沟通的空间。围合空间可以分为弱围合、部分围合和强围合三种，围合程度是由角部空间的形态决定的，如图4.32所示。

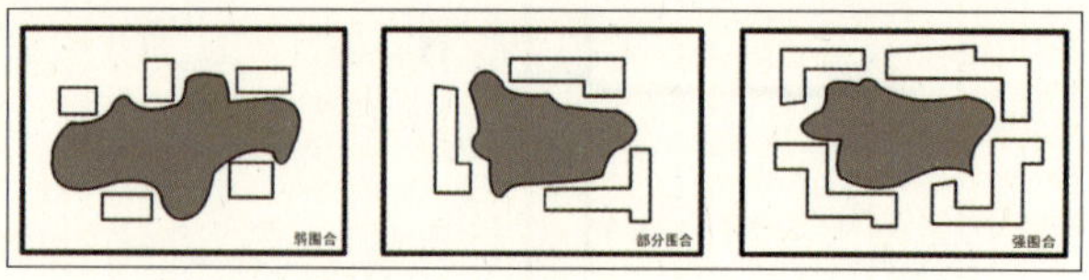

◆ 4.32 空间的围和程度

弱围合空间是比较分散的限定，空间的中心感不强，没有明确的围合界面，视线通畅，是较为开放的空间形态，从图中的平面形态及其围合程度可以看出弱围合空间呈散溢状，空间的限定并不明确；部分围合对空间来讲有了一定的限定，呈现出一定的方向感；强围合则能够围合出领域感强烈的空间。在居住区环境中，较弱的围合空间一般比较适合居民参与社区公共活动，如晚间居民跳舞等康体活动；而较强的围合空间则比较适合居民进行相对私密的活动，如约会聊天等。

3. 空间形状

不同的空间形状可以给人不同的心理感受，能够改变人的行为节奏，给人更加丰富的空间体验。从整体上讲，规整的空间形状给人以严肃感，而自由的形状则给人轻松感。在空间的形状方面，主要分为平面形状和立体形状。在居住区环境设计中，我们主要研究的是立体形状对人的心理及行为的影响。立体形状主要分为球形、锥形和方形三种，球形空间常常给人一种聚合感和向心感，而锥形空间则给人方向感和上升感，正方形空间给人一种静态感和庄重感，长方形空间则给人动态感和方向感，如图4.33所示。

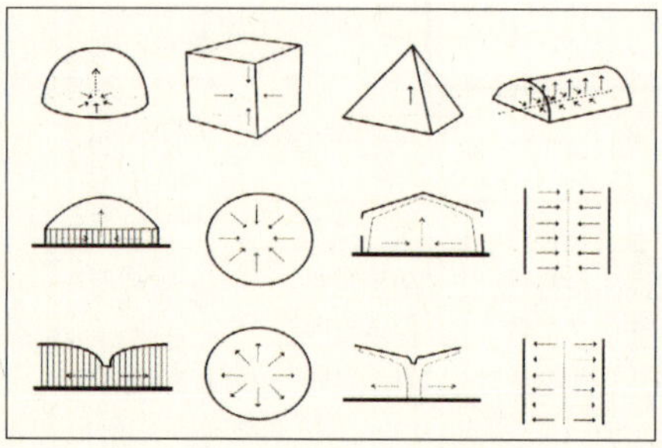

◆ 4.33 空间形状与心理感受

4. 色彩

在小区环境设计中，色彩是非常活跃、生动的元素，再加上我们本身感觉和联觉所具有的潜意识，使得色彩发挥着更为重要的作用。在空间中对色彩的把握和应用对最终设计效果会有非常大的影响，所以在小区环境设计中，对于色彩的搭配和应用要充分运用色彩联觉的知识，让色彩为我们的设计增加美感。联觉指的是一种感觉引发另一种感觉的现象，具体到色彩设计中，就是认识到：

（1）色彩的温度感。色彩的冷暖和对比有关，整体上分为暖、冷和中性色调。无色比有色冷，白色比黑色冷。

（2）色彩的距离感。明度高的暖色使人感觉距离缩小，而明度低的冷色则会使人感觉距离增大。

（3）色彩的轻重感。深色和暗淡色给人的感觉重，浅色和明亮色给人的感觉轻。

（4）色彩的面积感。在实际面积相同的情况下，色浅而明度较高的颜色会给人感觉面积更大。

（5）色彩的动静感。暖色和冷色相比，暖色更容易使人兴奋，冷色更容易使人冷静。

在具体设计中，如图4.34所示，红色、橙色、黄色等暖色给人以兴奋感，较为容易营造喧闹的气氛，适合儿童活动区的主体色调，而蓝色、绿色等冷色给人以沉稳、静谧的感觉，较为容易营造安静的环境。如图4.35所示，设计者采用了适合老年人活动的主体色调。

◆ 4.34 儿童活动区

◆ 4.35 老年人活动区

5. 质感

在小区环境设计中，粗糙的材料如天然石材、老木等往往给人轻松、自然的心理感受，而光滑的材料如镜面、抛光砖等则给人现代时尚的感觉。如图4.36所示的景观中材料本身没有好坏之分，关键是看哪种材料更适合空间氛围的营造。

◆ 4.36
小区景观

6. 造型

在小区环境设计中，物体造型可以比较容易地突出小区的文化特色，使居民感受到文化的存在感，而且鲜明的造型可以增加空间的可识别性，增加居民的领域感，所以对物体的造型关系也应重视。造型设计实际上就是各种图形关系的整合，由格式塔心理学可知，在现实生活中，人们总是企图在知觉范围内对感知对象加以组织和秩序化，从而加强对环境的理解和适应，所以在设计中，我们就要多注重格式塔心理学的组织原则。如图4.37和图4.38所示，对小区内诸如道路、水景、绿化、小品等元素多加推敲，充分运用点、线、面、体块的组织和构成原则，在视觉上让居民有一个很好的心理感受。

◆ 4.37
小区里的构筑物

◆ 4.38
景观中包含着各种几何元素

4.2 教育和学习环境

在教育和学习环境中，青少年在不同发展阶段所伴随的学习和发展的目的不同，这些目的会引发对学习环境的不同要求。根据年龄，青少年被划分成不同的群体。不同年龄阶段的青少年会处在不同的学习和发展水平，良好的设计师可以帮助青少年在环境中开发他们的潜力。

每一个年龄阶段的孩子所处的学习环境是相对比较稳定的。例如学龄前儿童会在幼儿园生活三年，然后进入小学校园环境，而中学生会在中学学习和生活六年。针对每一个阶段，我们应该给出不同特点的学习环境设计。但同时，我们也要注意到学习与教育环境中，有一部分空间会涉及各个年龄阶段的孩子，比如说诊所、娱乐场所等。

4.2.1 学习环境心理与行为模式

在学习环境中，三种学习模式支持新技能的学习，从而达到学习的目的。它们是视觉学习模式、听觉学习模式、动觉学习模式，其中视觉学习模式指通过视觉器官处理他们所看到的和依据图片想到的信息；听觉学习模式是指通过听觉器官仔细地听或讨论来处理他们听到的信息；动觉学习模式指通过身体的行动来处理他们体验、行动、触摸到的信息，以此来尝试或学习操作。

大部分人的学习是通过这三个模式的互动来完成的，但不同的人会有一个不同的侧重模式。有调查发现，接近35%的人侧重视觉学习模式；25%的人侧重于听觉学习模式；剩余的40%喜欢动觉学习模式。通过理解人们的学习模式，设计者可以为特定的学习阶段定做环境设计。 如表4.2，我们发现不同学习模式下的学习活动所需要的学习环境设计不同。

表4.2 对于学习模式的设计策略

学习活动	模式	设计应用
读和听单词	听觉	提供制作模型的开放型的实验空间和宽敞、平整的工作台，以锻炼学习能力来促进学生学习动机的需要
看图片或观看示范、电影、展览	视觉	提供多媒体、海报、画以及可以让视觉渗透的图纸。使用自然的灯光，因为荧光灯会分心。墙面避免使用单调的色彩
参加讨论	动觉	提供可以选择的灵活的座椅：多余的座椅摆放在环境周围，可以设计摇晃的座椅或者很宽台子来作为教室的小舞台
复制一个真的事件	混合	提供制作模型的开放的实验空间和宽敞的平的工作表面，以锻炼学习机会来促进学生动的需要

另外，我们应该在环境中提供丰富和适合的工具，以帮助和促进青少年的发展，如表4.3。

表4.3 与发展阶段相关的设计

年龄	视觉敏锐	设计重点	可能的物品
1个月	高度比较	黑色和白色	熊猫或门/窗上的玩具模型
4个月	物品分离	空中不同形状的漂浮物	与天花板结合的运动的物体
5个月	地点指认	图案	墙纸或地毯图案

主人翁身份的体现

学生对教育环境的认同是环境归属感的重要指标。学生因为这些深厚的感觉和深层情感将自己的身份与地点相连接。因为这些情感上的关联，学生会更团结地创建集体，并生活在其中。学生对地点的感觉与文化特性紧密相连，特别表现在艺术、文学、音乐或历史等方面，通过一个个体或群体的记忆分享，来实现对环境的认同。环境中如果允许加入他们空间的个性化，则更可能开发主人翁身份，让他们在学习过程中更积极。例如永久呈现学生的艺术作品，如图4.39中校园中呈现毕业班级的照片和学生成就；环境中还可以呈现学生活动的照片及海报。

◆ 4.39
校园照片墙

◆ 4.40
学生制作的作品

安全和保险

教育环境的安全和保险是满足学生安全感的重要指标。大多数学校是允许外人进入的，校园方便进入的特点给校园留下了偷窃、危害或破坏的隐患。校园的安全和保险措施除了加强建筑设施如进入的门、灌木、篱笆等区域的监管外，还应该通过建筑尺度和围合方式削弱环境的危害。一些专家认为在整个设施中分散开老师们和管理者的办公室可能对提高监督更为有利。同时这些办公室中的每一个都应该有一个单面镜可以看向外面，但是人们看不到里面。4.2.2校园空间环境设计。校园的使用主体是师生，校园环境应能满足师生在校园生活中的必要性行为和自发性行为的需求。校园中的必要性行为主要包括学生的学习、生活、运动和教师的教学等一些行为活动，使用者对这个类型的环境没有太多选择的余地，因此它的好坏对使用者的影响最大。因而和必要性行为相关的室内外环境必须符合师生的生理和心理特征需要。其次，良好的校园环境设计可以激发师生的自发性行为，满足师生对互动性活动的需求，提升校园活力。

校园室内空间环境

1. 教学环境

首先应能满足使用者教学活动的行为需要，应当尺度适宜、安静，且采光、照明、通风情况良好。此外根据不同年龄阶段，教学环境应该满足青少年身心发育的不同需要，针对不同的学习阶段与学习方式，对教学环境进行创造。

以学龄前儿童为例，这个阶段的儿童正处于身体各个器官发育与认知的形成初期，大部分时间需要在成年人的照看下活动。安全感是这个阶段小朋友对环境认同的关键。拥挤和封闭都会造成儿童对环境的恐惧，因此室内空间无论在尺度还是设施上都应该降低环境密度，提供一个相对宽敞的环境给学龄前儿童。另外学龄前儿童会经常主动地探索他们的周围，参与各种社交活动，以至于对环境产生一定的控制。同时为了确保一定的私密性，我们应该结合室内功能，在开放环境下组建各种各样小的空间。这些小的空间不需要固定的墙来分割，可以通过低矮的家具或不同颜色、材质以达到既有区分又有联系的效果。无污染材料的使用也是形成环境安全性的重要部分。因为有危险的设计会被认为是消极的，并会激发害怕和焦虑的感受。图4.41与图4.42是Starlit儿童学习中心，设计师从古罗马的规划中汲取灵感，为孩子建立了一个宽敞及轻松学习的理想环境。在Starlit学习中心中，设计师以巨柱体为中心，伸延至南北翼的课室地带，形成互相紧密连接的平面布局，空间中央圆柱上艳丽的彩绘使它成为了核心，地面色彩鲜艳却不杂乱。

◆ 4.41
Starlit儿童学习中心

◆ 4.42
儿童活动室

儿童早期的教学环境应满足孩子对各种新奇体验的需求。从多种形态与陈设中去满足孩子们的感性学习欲望，例如在环境中装饰飞机、鱼和鸟会帮助孩子引发对生命的联想。为了增加这个阶段的孩子对空间的理解，空间设计上可以加强空间组织的逻辑性。另外这个阶段的孩子已经进入正常的文化知识学习阶段，学习思维方法也逐渐从图像学习思维走向文字学习思维。学习物理环境中除了家具尺度和形式会改变外，空间结构包括大小、形状和规模都会发生改变。一般情况下，大空间的教室更灵活，可以容纳更多的使用功能；小的教室需要考虑独立学习与小组讨论活动条件。研究表明，矩形的教室可以更好地满足独立学习的需求，墙可以移动的空间可以使老师根据手中不同的任务重新布置不同形状的房间。在设计一个教室的时候，一定要考虑这个教室具体的教学目的（如科学课还是音乐课）。根据具体情况，设计者要考虑房间的大小和位置，及家具的配置。图4.43和图4.44是Starlit儿童学习中心室内的另外两个空间，心理学家詹姆斯·吉布森（James J. Gibson）认为："圆形在幼儿的成长阶段中扮演着非常重要的角色，对他们的视觉发展带来明显的帮助。"所以 Starlit学习中心的关键设计元素就是圆形，将多种物料拼凑运用在不同的地方，如天花、地台、课室门、墙饰等等，也同时担当区域划分的作用。

◆ 4.43 Starlit儿童学习中心室内的色彩与图案

◆ 4.44 Starlit儿童学习中心室内Z形走道

青春期和大学生的生理和心理发育逐渐走向成熟。这个阶段的青少年会花费大量的时间在教室，因此如果他们从环境中接受大量复杂的心理，会对学习造成影响。虽然学校教室是孩子们进行学习活动的地方，但同时也是老师必须保持控制和权威并不断传播课程信息的地方，因此我们应该关注两者对教室环境的使用和互动。矩形的房间一般看起来是以教师为中心，更统一、传统，是教室的典型布局类型。矩形房间的优势是可以保持老师与学生的最大接触，因为在这里学生会一直处于他们的基本视觉区域内。但如果房间面积过大，则会造成学生倾向于增加活动的要求，以至于减少对学习的关注。图4.45是两个不同环境的教室，在这两个教室中学生的感受会不一样。

◆ 4.45 教室

2. 室内公共区域

走廊和长廊既可以提供学生公共活动的空间，也可以变为临时的学习空间。道路的曲折增加了积极的社会交往的机会，也创造了空间之间的转换，转弯和弯曲还可以被利用并创造为学习的特别区域。教学区内部的流通空间需要遵循当地的安全规则，通过巧妙的设计提供独特有趣的活动节点以促进社会接触。在长廊内，我们可以结合如座椅和书架等环境设施，并配合多样的照明丰富空间的趣味性，这会同时给刻板无生趣的空间增加光照的围度。这些区域还可以结合各种室内植物和游戏结构而设计，以放松学生紧张学习后的压力。可以通过半开放、半封闭围合防止问题行为的产生。

校园室外空间环境设计

1. 道路设施

处在环境中的人有环境识别和定位的需要，校园环境面积虽小，却有较多的功能分区，因此设置清晰全面的环境识别系统非常有必要。学生在校园中的活动以步行为主，道路的组织应当合理高效，节约时间。道路的宽度设计应能满足上下课高峰时段人流和车流共同通过的需要。另外，应考虑到人有抄近路的行为习性，如图4.46在大面积的草坪上设置合理的道路。

◆ 4.46 草坪上的道路

2. 运动环境

体育运动环境相对喧闹，应与教学区保持一定距离，可布置在生活区附近以方便学生到达。为了减少部分体育运动的危险性，如图4.47中应对相关运动场所加网罩等保护设施；为避免对生活区的干扰，如图4.48可在周围种植隔离绿化带降噪，同时为休息和观看提供遮荫场所。

◆ 4.47 运动场的网罩

◆ 4.48
周围种植绿化

3．广场环境

广场是校园环境的核心部分，具有一定的空间秩序，承载了传达校园文化特色的使命，并结合多种景观元素构成校园文化活动的中心。广场应当建设成为能够促进交流，积极、开放的公共空间。为满足环境使用者的心理需求，使广场获得更多的行为支持，建议校园广场设计遵循以下基本原则。

首先，广场尺度应符合人的心理需求，一般认为100m～200m是宜人的尺度范围。芦原义信在其《外部空间的设计》中提出了“外部模数理论”，即外部空间可以用20m～25 m的模数来改变环境节奏。对于校园广场设计而言，可以利用这一模数，通过改变铺地材质、地面高差或者布置灯具、花坛来改善环境的单调感。

其次，广场应有明确边界，和周围环境形成清晰的图底关系，如图4.49用道路引向广场或将其布置在道路一侧，使师生便于到达。

◆ 4.49 校园广场

4．庭院与绿地

庭院与绿地的楼间绿地可设置铺装、桌椅，作为学生课间休息的场所，搭配绿化营造生机勃勃的教学辅助环境，促进师生之间的交流。如图4.50为教学楼之间的庭院空间，铺装便于学生穿行其中或驻足观望。

◆ 4.50 校园座椅

5．小尺度环境

小尺度的空间在校园环境中尤为重要，这些空间吸引人们驻足、观望、交谈、休憩。在布置如图4.51这些空间时，师生之间、学生之间的非正式沟通常常会自然发生，相对于在教室上课这样有计划进行的正式交流而言，非正式沟通更令人放松，有利于激发新观点或产生创造性思维。

◆ 4.51
校园里的小尺度空间

其他相关环境因素的设计

1．光照

教室的灯光条件会影响学习和行为。由阳光提供的照明会随着季节和每天的时间、天气和玻璃而变化，因此，设计者必须考虑通过测量来控制光照对教室环境的影响。孩子花费一天中的很大一部分在教学楼里，因此要给他们呈现高品质、全光谱光线来提高他们的整体健康学习水平。研究报告显示，学校使用全光谱光线和紫外线会提高学生出席率，并影响着学习成就和身体、认知的发展。学生在有更高品质和更多数量的灯光的房间表现出更高的集中水平。因此，我们可以说光的品质和数量直接影响学生的行为，但是我们必须小心避免刺眼、会产生眩光的表面，例如标志板、电脑显示器以及由于不平衡的光源引起的刺眼反应。光源的位置、在教室里扩散的方式都会影响学生和指导者的舒适度，因此我们要全面考虑光环境设计。

2．颜色

学习环境的色彩使用会通过影响使用者的注意力水平而影响学生的态度、行为和学习理解。大多数教育环境偏好浅色的明亮房间，以提高学习时的舒适度，另外跳跃的色彩会使环境引起愉快的、兴奋的和刺激的感觉，从而减少旷课和提高学校的友好关系。有设计者认为教育环境中应该多使用中间色调，让使用者不容易受环境的影响，为了最小化对视觉的刺激，工作台区域可以使用对比性颜色，以提高工作状态时的情绪。其余的房间创造合适的焦点。

3．温度与通风

很多研究结果表明，教室的温度波动对教师的影响比学生多。早期教室温度的研究发现，学习环境如果有空调的话会降低教室烦恼的发生频率。另一个研究发现，温度高于或低于华氏72度，学生会表现出记忆力降低，证明学习的最适宜温度为华氏72度。当温度超过了华氏80度的时候，呼吸量会增加，身体活动量下降，学生的工作效率和生产水平会明显降低。相反，环境温度舒适的时候，人的精神活动更有效。所以，设计者必须考虑温度的管理。

关于温度的另一个主要问题是室内缺少足够的通风设备或空气流通的环境，这些条件的缺乏会干扰人体驱散热量的能力。温度和通风依赖很多因素，包括建筑的结构和材料、玻璃上釉的量、空间的大小和体积、居住者和他们活动的量。为了保证居住者的舒适，操作系统必须灵活，设计者应该考虑在每个房间中设置独立的控制。

4. 声学和噪音

过度的噪音会对学生的语言学习和阅读能力有消极影响。教室的噪音主要来源于回声、内部噪音、外部噪音。回声发生在声波反弹或反射在硬的平的表面。硬的表面会反射声音，而柔软的表面会吸收或散开声音。回声会降低声音的感知，学生必须过滤掉。

外部的噪音主要来源于机器，包括汽车、卡车、公交、火车、飞机等机器设备。因此，教学楼应该远离交通干路、飞机场和铁路这些区域。设计者应该在教学楼的基本区域和噪音污染之间使用植被，因为它们可以帮助吸收噪音和微粒物质。房屋中绝缘声音的厚墙也会阻挡外部声音的传递。内部噪音主要来源于教学活动或课外活动中所产生的声响，如说话、音乐、叫喊等。进行建筑内部设计时，应该考虑到房间或区域的隔音，在需要特殊音效的环境，应结合室内整体设计进行声效设计。

4.3 办公环境

任何可以进行工作的环境都是一个工作地点，无论是在餐馆、住宅还是办公室，只要你在这个环境下进行长期的学习与工作，都会形成一个特定的办公环境。任何职业都有相应的工作地点，办公室环境中有着不同行为习惯的人坐在一起，为了同样的目标工作很多小时，它本身就是一个微观世界。因此我们要对它的设计特殊考虑，营造团结统一的工作氛围，减少影响生产效率的情况发生。

当代的劳动力由不同年龄、文化程度和身体能力的男性和女性组成，针对不同劳动力工作的环境需要许多不同的设计，例如残疾人与再就业的老年人。现代办公环境、科技水平不断提高，从办公设备到智能化办公环境，现代办公室环境为适应充满无尽的可能性而变得更加灵活。

4.3.1 办公环境中的行为与心理

办公室环境中的行为由特殊的工作关系和工作方式组成，不同的工作关系和组织结构会形成不同的人际心理与工作感受。

团队组织结构与环境

传统的办公室环境是从工业时期发展起来的，那个时期的团队组织结构非常官僚化，工作关系按照从普通工人到管理者再到企业负责人划分等级。等级水平的级数取决于公司的规模、结构和目标。现代科技时代，等级结构失去作用，合作式公司结构被开发，例如综合的、民主的、自我管理的团队结构。在这种形式的工作环境中，一个工作组里会有各种技能的雇员在一起工作。

无论人员组织结构是哪种类型，这些结构下形成的办公行为影响了办公环境的创造。例如等级制组织结构公司，无论办公室的大小、位置，都会因为等级关系和命令被链接起来。办公室内部被不同层级的个体组成的组连接和排序，让他们向着同一个目标一起工作。合作型的公司结构，环境会更加开放，办公场所会形成各种平行的工作区域，以方便员工相互沟通与合作。图4.52为开放与独立的两种办公室形态，环境也是不一样的。

◆ 4.52 开放与独立办公室

办公室文化与环境

所谓办公室文化，是一种在办公室环境中工作人员之间人际关系的行为准则，是集体信念和价值观的概括。办公室文化的好坏直接影响人员对工作环境的满意度，更会影响工作效率。同样，办公室文化可以支持并鼓励友好的竞争与合作，也可以通过不公平和恶性竞争形成一种恐惧、嫉妒的人际环境。另外办公室文化除了影响员工的环境行为外，还直接影响办公环境的创造。根据不同的文化特征，设计师要选择合适的方法来使环境复合并促进它的产生。

与企业文化和人格特质相融合的环境设计会加大个体之间的相容程度，激发个人和组织关系建立良好的、共同的信念和行为期望。一个积极的办公室文化和办公室环境对提高员工忠诚度起到积极作用。

办公环境大多是一个半公开的空间，它整合了社会系统和行为习惯。办公室文化的环境指标包括照明、色彩、美学视野，以及保护隐私的水平和办公用具的质量等等因素。当设计者确定了一个公司的办公室文化，并且确定了公司是否有相应的调整后，设计师就应该从空间结构到室内视觉环境上对其进行全面考虑。

系列图4.53为设计师安东为制造网络游戏的公司“畅游”设计的总部大楼，这家公司3500名员工的平均年龄只有26岁，CEO也仅仅35岁。这些年轻人每天工作12~16个小时或者说至少每天在办公室待这么长时间，这就不难理解为什么大多数人在这座城市中没有家庭了。在考虑到他们的工作习惯和企业文化，以及公司内部人员的关系后，设计师的理念就是去创造一个自由且流动的空间，在这个空间中充满了社交活动，并且非常人性化地让阳光照射到每个工位上。建筑的平面有着不规则的形状，这种无定型的中央核心要比传统的排列复杂得多。在里查德·萨拉（Richard Serra）的雕塑带来的灵感下，设计师安东

◆ 4.53 畅游总部大楼室内

让办公室每一层的平面有着曲面的隔墙，这些隔墙沿着它们的方向不规则地倾斜，给予了空间一种流动感、动态性以及乐趣。因为人们会在办公室的内部度过大部分时间，所以提供一个舒适且有趣味性的并且能让人们每天发现新角度和新视野去观察以及走动的地方是必须的。第二个关键的设计方案是把工作、服务以及社交区域和传统的办公室布置得完全不同。在这种布局中，员工们可以在工作区以外的地方，例如休息室、会议室、服务间或者去饮水间接一杯水的时候充分享受阳光以及有趣味性的行走空间。

如图4.54，设计师用颜色、设施或者主题装饰让内部空间与纯白的外部以及普通区域显示出鲜明的对比。通过改变每一层的主题颜色，创造出了一个惊艳的建筑夜景而非直接地改造建筑表面。这个准则在某一些情况下被打破了，目的是创造一些必要的特殊房间和区域。

◆ 4.54 畅游室内办公及休息区

种族歧视和性别歧视

当代社会公共环境中，我们都会面临由不同人种、不同宗教、不同性别所组成的不同群体。当他们共处一个环境下时，会由于不同的价值观、性别取向或生活习惯，形成人与人之间的矛盾和隔阂。比如生育年龄的女性和单亲家长，在使用工作场所时都会有一些特殊需求，如临时对儿童的看护等等。办公环境中，如果对这些问题处理不好，不但会影响工作效率，还会引起人群的分离，即歧视。这对于现代办公环境是一种潜在的危机。

因此我们设计者应该考虑通过环境设计来促进多样性行为方式的存在。例如为特殊需要的人群创造私密性比较强的空间来方便哺乳；为需要临时照看儿童的工作人员提供临时日托空间；也可以通过各种各样的民族图案、颜色的装饰或艺术品来增加人们对自我和他人的认同。

健康与环保

人在解决了温饱后的第一需求就是对健康的要求，对于现代办公人员来说这也是基本需求。随着时间的推移，非环保的办公室环境会带给人们诸多副作用如“大楼综合症”，因此人们开始对办公室内环境的环保提出明确要求。作为环境的创造者的设计师，无论是材料还是绿化环境的设计中都应充分体现环保理念。

4.3.2 办公环境设计

空间设计

针对不同类型的公司与公司组织结构，我们要设计出不同形式的办公空间。无论是开放型还是封闭型，都各有好坏，关键是看它是否适合公司的工作形态。本书以以下几种形态的办公室形式为例：

1. 蜂巢型

这是电话行销、资料输入和一般行政行业最常见的办公行为模式，工作人员彼此互动较少、自主性也较低，属于典型的开放式办公模式，如图4.55。

◆ 4.55 蜂巢型办公空间

2. 密室型

密室型工作形态是密闭式工作空间的典型，工作需要高度自主，适合不需要和同事进行太多互动的办公环境，如大部分的会计师、律师等专业人士的办公室，如图4.56。

◆ 4.56 密室型办公空间

3. 鸡窝型

团队在开放式空间共同工作，互动性高，但不见得属于高度自主性工作，例如设计师、保险处理和一些媒体工作的办公环境，如图4.57。

◆ 4.57 鸡窝型办公空间

4. 俱乐部型

这类办公室适合需要独立工作，但也需要和同事频繁互动的工作。同事间以共用办公桌的方式分享空间。如图4.58，这样的办公室没有一致的上下班时间，办公地点可能在顾客的办公室，可能在家里，也可能在出差的地点。广告公司、媒体、资讯公司和一部分管理顾问公司都已经尝试使用了这种办公方式。

◆ 4.58 俱乐部型办公空间设计

办公室空间的设计应该和公司团队的行为方式紧密相连，因为办公环境的空间组织不仅影响人们怎样交流以及怎样与企业管理相配合，还会影响雇员支持或加强企业想要的形象、社会风气和办公室文化。

办公室环境的个性化是个体对环境的满意度、幸福感和整体工作满意度的重要指标。相比较男性，女性更乐于让她们工作的地方个性化。男性经常用与地位相关（如学位证书、荣誉、奖杯）的物品来装饰他们的工作空间，女性更倾向于用与个人生活（如朋友、宠物和家族成员的照片）相关的方式来装饰她的工作空间，这种不同展现了从竞争到融合的转变。如图4.59与图4.60，不管用哪种方式来表现个性化都是人们归属感的需求，这都会直接影响员工的环境参与度。

◆ 4.59 在办公桌上摆满植物

◆ 4.60 办公桌的个性化

色彩搭配

色系的选择是办公室环境设计中非常重要的环节，因为颜色对视觉的冲击是最大的，以前人们单纯地认为办公室内的环境是理性的、安静的，所以单纯的淡蓝色大行其道，而当代办公室内空间的颜色变得丰富了，因为这样会提高现场环境感，特别是当加入个性化的色彩后，办公室环境更为动态并富有生气。系列图4.59是设计师Joey Ho利用物流行业本身的独特性质和运作程序，提出了一个适合物流公司的办公室作息生态。为强调以“联系”作为设计的重点，设计师在办公室室内采用货柜的造型，用蓝白两色分别代表“海运”和“空运”，鲜明地引出公司的背景性质。

◆ 4.61 美国Speedmark国际物流公司

照明设计

办公室照明设计的好坏是办公环境设计成败的关键，因为它直接影响办公活动的效果。在办公室环境中要有令人舒适的照明，除了要照得亮外，更要照得舒服。为达到这个效果，我们需要注意如下几点。

1.“不反光”是舒服的第一要素，即没有刺眼的眩光（又称反光）。为此我们应该注意环境中反光材料的运用，以及在有反光设备的区域（如电脑显示屏)做一定的照明处理，以减少反光对眼睛的刺激。此外，所有的光源应有遮蔽和眩光保护功能，避免眼睛直接或间接接触灯管或灯泡的强光。

2. 照度均匀。国内办公照明环境特别偏好“明亮冷静”的气氛，大量采用日光灯管，照度通常超过实际需要。但美国的研究显示，高照度会造成不适感，尤其是照度在1000Lux以上时23%的人会抱怨受到反射的困扰。办公室环境下阅读时的全面照明与工作照明必须一起使用，以免产生强烈对比。

3. 要擅用暖光色营造气氛。主导光源的颜色色温数值愈高（超过6500K），光愈偏向蓝色，会营造较冷静的氛围；色温愈低，愈能偏近烛光的黄红色，愈能舒缓情绪。常有人认为暖色光会导致成工作效率不佳，但不失真是暖色光的另一个优点，可让环境与物体色彩看起来更逼真。

4. 因地制宜，根据不同地点选择亮度不同的光源。因为年龄对明暗的需求不同，最好是每个独立空间有开关，大型办公区域可分隔成若干区域，以利于单独控制。图4.62是办公室不同区域的照明设计。

◆ 4.62 办公室照明设计

噪音

办公环境的舒适性，在一定程度上受听觉环境的影响。因为办公环境人员嘈杂，各种活动都会产生不同的噪音，它们会严重影响工作效率，对人造成干扰，因此在办公环境中，我们应该特别注重对噪音的控制。噪音在室内环境中可以通过建筑的空间变化和隔音材料的使用而减少。天花板的角落和吸附材料最具控制声学的潜力，而设计人员也可以使用分区和特定的绝缘材料来减少办公区域的噪声。在大的开放空间中，如图4.63，我们可以考虑设计合适房间形状、变化的天花板的高度及减少使用坚硬光滑的表面的材料来达到减少噪音的效果。

◆ 4.63
办公室采取多种防噪音手段

空气流通

办公环境如果不能自然通风时，我们需要考虑通风换气系统的设置，特别要关注空气从管道中排除的水平。以天花板和吊顶为主的通风环境，用风力太大的通风系统会导致明显的空气流动，这反而会对员工有不利的影响 。由于性别的差异，男性在工作场所的环境中通常比女性穿得多，男性也通常感觉更热，这是因为男性有更多的肌肉和较高的体温，并且心脏速率比一般的女性快。虽然现代的流行趋势允许更多的休闲装，但是办公着装一直要求男性比女性穿得更多。这些条件导致满足男性需求的温度对女性来说是寒冷的，而以女性为主导的温度环境，对于男性来讲较热，易出汗。因此设计师应该为每个办公室或隔间指定恒温的控制，让每个人都有自己恒温的舒适区。

4.4 健康的医疗环境

医院是人们患病后就医、治疗和康复的特殊空间，它同时兼有两种主要行为内容，其一为医疗行为，其二为康复行为。医院的医疗行为因疾病种类、年龄、性别差异，会有不同的医疗措施。医疗康复行为因病情和体能、心态差异很大，有的病人生活完全可以自理，有的需要借助某些工具，有的需要依赖专人护理（我们这里讨论的主要是普通常见病医院，暂时忽略特殊病症的专科医院）。

长久以来，医院一直被视为单纯提供医疗活动的空间，医院环境往往显得冰冷、严肃和没有人情味，在这样的环境中病人在病痛的折磨下对环境的满意度极低，照顾者与医疗工作人员也因为环境的单调而感到疲劳与烦躁。随着医疗服务向生理——心理——社会医学的模式转变，人们开始用“医疗环境”这个术语来描绘、评价和设计医院的环境空间了。所谓“医疗环境”，是指人们对于医院空间所产生的心理、生理和社会意识的综合评判。这个术语中包含了对整体概念中的“人”的关切。为使用者考虑，现代人性化的医疗环境需要充满温馨感，让患者、家属及医疗工作人员通过自然、温暖的环境、方便的使用减少压力和焦虑，促进环境与医疗行为的健康发展。

4.4.1 医疗环境中的心理与行为

医疗环境的使用者主要由病患、病患陪护、医务人员三部分组成。这个人群由于不同的动机在医院环境中的行为及心理都有所不同。

患者的内在心理及行为

由于每位患者以不同的方式观察不同的环境因素，因而服务着眼点就不同。每位患者对各种环境的满意与否，要受个人心情、爱好、期望值的影响。患者通常以两种方式对环境因素做出反应，即情绪及认知。引起情绪的生理反应是机体对冷热及其他感觉效应做出的必要反应，是指大脑对环境因素做出信息加工后的重要结果。例如环境信息的混乱会引起患者在使用过程中受挫或太多信息会使病患在使用中不知所措。认知反应主要是患者基于以往的经历而对环境的期望，人类认知过程中共有的倾向是将以往所看到、所做的及所经历的事物在新环境中找到相似点。如果患者看到的是一个清洁、装饰良好的候诊室并提供近期的杂志及咖啡，那么他们就不会太在意有没有电视。越熟悉的环境，患者感到混乱、挫折及不愉快的体验就越少。最后患者还能对环境因素做出情感反应，因此，医疗机构要想得到理想的患者情感反应，就必须努力创造出有益于患者身体康复及心理满意的环境因素。图4.63与4.64是一家名叫“白色空间”的西西里岛牙科诊所。设计师们设想了一种植入式的概念，并作为设计原则贯穿到整个空间的设计中，室内干净整洁，让患者耳目一新。

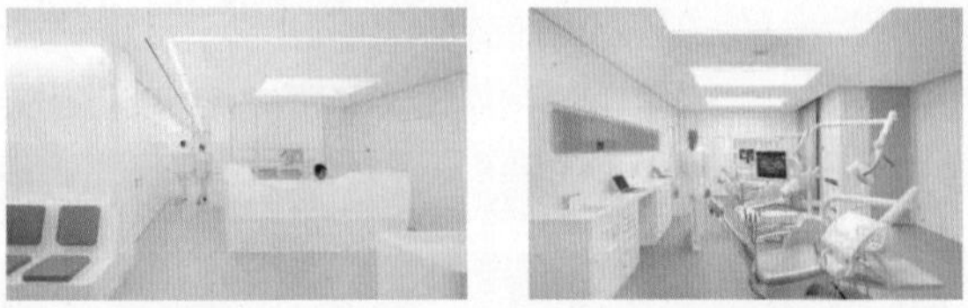

◆ 4.64 “白色空间”私人牙科诊所

就医的患者往往由于对疾病的恐惧而忧虑，这种病痛会加大对环境的生疏感，心理上会感到陌生、孤独，感情上表现出敏感和脆弱的特征。因此医疗环境必须达到减少病人的痛苦和反感，唤起病人内心的快乐和对生活的乐趣的水平。环境应该气氛安宁静谧、清洁卫生。同时医疗环境需要有一定的私密性空间，使患者有被尊重的感觉。

医务人员的内在心理及行为

医务人员是环境因素的重要组成部分，衣着整齐、精神饱满、服务热情周到的医务人员可以营造良好的服务氛围。医务人员的态度及行为直接影响患者的满意度及医疗质量，而医疗环境又在一定程度上影响医务人员的服务态度。医护工作人员希望工作环境安静舒适，以便减轻繁重的工作压力。所以医疗环境应柔和、协调，有利于工作情绪稳定、减少不安和疲劳。其次应有一定的休息、交流与娱乐空间和适当的休息空间。工作场所则应有一定的私密性，避免令人厌烦的拥挤和嘈杂。为了营造医护人员良好的工作环境，避免医护人员与病人的交叉感染，特别是SARS疫情之后，这个问题更显重要，医技科室和急诊部应尽可能按照医患分流的模式进行设计。装饰材料应使用无毒、无味、防霉、防尘、易清洗的材料。

如图4.65所示，西西里岛牙科诊所的室内采用了大量的可丽耐材料装饰室内，以实现不同的功能和活动需要，医疗器械也巧妙地融合在其中。

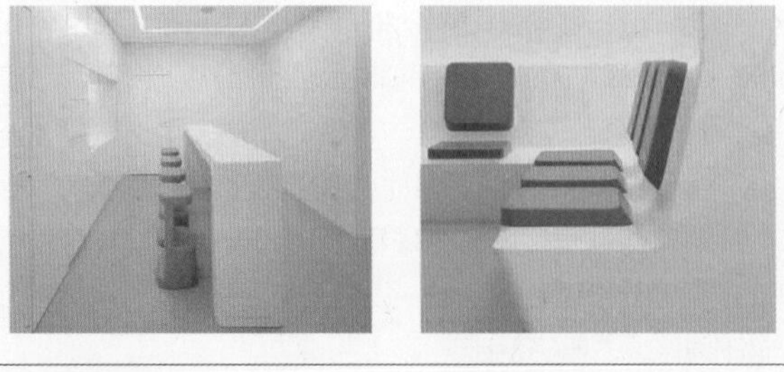

◆ 4.65 西西里岛牙科诊室

探诊及陪护人员的心理及行为

探诊及陪护人员是病患的重要支撑，他们除了要对病患给予照顾外，还需要在医院内部帮助病患完成多种治疗与检查，并独立处理医疗过程中所需的医疗手续，如挂号、缴费、咨询等。探诊及陪护人员也希望医院环境能给与他们的心理与行为有良好的帮助，例如他们希望医院空间导向明确，环境中设有等候休息空间；与病人谈话有一定的私密性保障，可以较为方便地使用电话环境中设有餐饮设施，有空间可供停留，以方便昼夜陪伴病人。如图4.66所示，探诊人员与病人的交往共享空间应该冬暖夏凉、四季如春、动静相宜、分合随意、探休共用，这些都能在一定程度上缓解探诊及陪护人员的紧张感与疲劳感。

◆ 4.66 良好的医疗陪护环境

影响医疗环境的其他心理因素

1. 压力与依恋

压力和地方依恋是人们在医疗环境中存在的主要问题。压力是对不良刺激的生理反应，包括身体的和心理的，此外内部或外部的环境也会影响一个人幸福感的正常状态。对于病患，疾病是压力的主要来源，当人们生病进入医疗机构的时候，人们的压力开始增加。当与地方依恋的联结突然被切断时就会增加这种压力感受。所谓地方依恋是人和特定地方的情感连接。人们的地方依恋主要表现为对一个环境的理解和认知，及对此环境做出情感反应。人们因为疾病被迫离开他们的家并进入医疗机构时，这种被打断的地方依恋情绪所带来的压力和焦虑通常会增加。

在医疗环境设计时，提供一个能帮助缓解压力的环境是非常重要的。对于许多人来说，住院的时候，除了自己的疾病，什么都变为不可见，不能决定自己的生活和不能参加其他活动使他们心理的控制欲望遭到影响，患者主宰自己健康的渴望被降低了。高水平的压力，特别是随着时间的推移，可能带来毁灭性的心理和生理效果，其中包括抑郁症。因此我们要关注环境对压力和依恋心理的影响。如果在医院环境中设计如图4.67中的小细节，会有效地缓解环境压力。

◆ 4.67 医院给病人一个舒适的环境来帮助其调节心情

2. 安全性

安全性是医疗环境中的重要环节。这其中包括两个部分，一部分是对于病患的安全保护，另一部分是对于医务人员的安全保护。由于病患的患病程度不一样，病患在使用正常规律的用品和空间时会出现这样和那样的安全问题，比如残疾人无法使用正常高度的室内用具，日常生活需要支撑或保护等。在这样的情况下，如图4.68与图4.69，我们需要对病患治疗和生活的环境在安全问题上是予以考虑，提供一定的安全保护措施，例如限定床的高度、座椅、墙面等等。

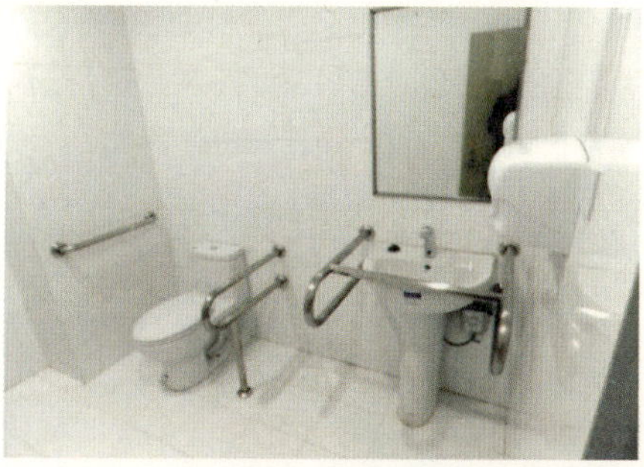

◆ 4.68 医院卫生间的无障碍设计

◆ 4.69 医院走廊的扶手

医疗环境中很多病人无法控制自己的行为，很可能由于情绪的紧张会对医务人员造成一定的攻击性；另外医患关系的紧张也会影响到医务人员的人身安全。如何有效地控制有潜在危险的病患对自身造成的伤害，如何确保医务人员在这种环境中不被侵害，或在侵害时如何利用环境有效地自救，这都是设计师应该考虑的问题。例如急诊室是最易受攻击的场所，设计师可以考虑将治疗和等待分开，为医生设置独立通道等等，以保证病人和医疗人员的安全性和保密性。

4.4.2 医疗环境设计

医院被认为是真正的“病人中心”，设计者、员工和管理者都必须要反映出高度的文化能力。患者来到医疗机构不仅因为他们的健康问题还基于某种期望、信念等因素。医疗环境设计中我们不仅要了解医疗过程、管理体制；更应该了解病人和医疗工作者对环境不同的需求。

医疗环境室内空间设计

医疗室内空间是一个多种就医人员与多种医疗内容的集合地，其空间组织的条理性与明确性对使用者的行为影响很大。医院良好的总体布局会使患者对医院总体环境有一个明析的概念，并且通过各栋建筑上的各种标志牌，迅速地做出判断并找到门诊综合大厅及各个科室的入口。

1. 空间的有序性

在日常生活中，人们经常会按照从大到小的区域层次来寻找一个目的地。为了加强环境的易识别性，一个建筑群或建筑物可以布置成一系列从大到小的区域，区域之间应有清楚的标志物。以目前先进的“医疗街”设计理念为例，这种设计中将各科诊区集中布置在大厅周围，利用共享大厅，沿“医疗街 ”两侧组织各诊区和竖向交通。在这里就诊的病人进入共享大厅后，能很快地分散至各科候诊空间。门诊大厅不仅是挂号、收费、取药、问讯等集中的场所，也是联系各诊断科室的交通枢纽。大厅内布置楼梯和电梯，可方便地与上层各科诊室取得联系。各科室的候诊厅作为公共空间与私密空间的过渡，集中了本科室等候就诊的患者。因此，门诊各功能空间具有不同的环境质量以及不同单位空间人流密度要求的公共空间（门诊综合大厅）、半公共空间（候诊厅、廊）和私密空间（诊室），这三种空间区域的划分，与患者的就诊流程以及对众多患者逐级分流而创造良好的内部环境是相一致的。门诊楼设计中把门诊量大、病人行动不方便的科室放在下面，把门诊量少的科室放在上面，并把联系频繁的相关科室尽量安排在同层或邻层，这些都是空间有序性的重要表现。系列图4.70为门诊大厅的多种设计。

◆ 4.70
医院门诊综合大厅

2. 空间的明晰性

简单明了的空间结构，主次分明的廊道，对于提高门诊建筑的可识别度在医疗室内环境中有重要意义。医院建筑空间的放射性组合和医疗街的线性组合都具有门诊空间的明晰性这一特征。厅式放射组合，是以门诊综合大厅为中心，各科室单元放射状环布四周，如图4.71。而医疗街式线性组合则是通过一条主要交通廊道将各功能空间联系起来，如图4.72。这两种方式的主次空间层次十分清晰，其便捷、明确、流畅的空间组织方式有利于患者对于门诊的总体功能布局形成清晰的意象，提高了其整体环境的可识别度，进而使患者在情绪上感到安全与安定 。

◆ 4.71
医院大厅

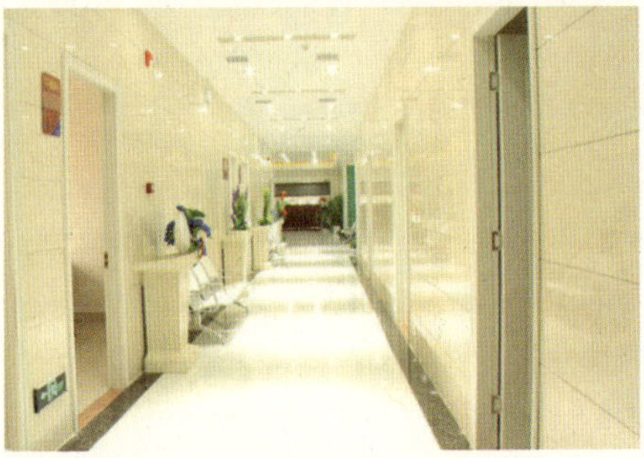

◆ 4.72
医院走廊

3. 空间的诱导性

为了提高门诊内、外部各功能空间的易识别度，除了其空间结构简单明了，各功能空间有序排列之外，还需采用由容易引起患者注意的光、形、色等手法制作的诱导标志系统。门诊内部的诱导识别系统的设置方便了对各种人流的引导，帮助患者定向并且认路、找路，增强了空间的可识别度，使就诊环境井然有序。如图4.73，设计精美、构思巧妙的诱导识别标志对美化内部环境、活跃气氛起到了相当大的作用。

◆ 4.73 医院导视系统

医疗环境室外空间设计

户外空间对医院里的每一个人来说都很重要，无论是病人、员工还是探访者，都希望有一种良好的室外环境以缓解对医院的紧张情绪，同时利用这些空间提高医院的环境质量。1995年有研究报告说医院户外最频繁的活动是放松休息、就餐、谈话、散步以及“户外治疗”。一般来说，工作日大约在上午11点之前户外活动很少，因为上午往往是医院最繁忙的时候。午餐时间是员工户外就餐的高峰时间，病人一般在病房里就餐。周末是探视人员及病人在户外活动的高峰时间，因此我们在户外空间设计时，可以参考以下几条建议。

1. 为使用者提供使其远离医疗环境的户外空间

有调查显示，医疗环境下大多数人都想寻找一处隔离的环境，那里的满眼绿意、鸟语花香、新鲜空气等可以激发人们的感觉，引发安宁轻松的情绪。若医疗环境下的户外空间太单一，人们会感觉乏味。

因为使用人群的多样化，我们应该为医院的户外提供一个多样化的空间，供不同特点的人在不同时间段使用。一个是结合不同的人群在不同区域设置户外空间，例如临近餐厅的入口或主入口。二是设计不同形式的户外空间，例如可以是庭院也可以是屋顶花园，设计细节可以供人们在其间散步、沉思，也可以让坐轮椅的病人观赏花园。图4.74是芝加哥一家儿童医院顶层的空中花园，这个空中花园为了给住院的孩子们提供一个接触芝加哥积淀的历史和自然环境的机会，同时满足传染病控制委员会为免疫缺陷的孩子们创造一个安全的环境这一严格要求，创造了一系列互动机会来缓解他们的压力，为他们提供接触自然材料和自然光的途径。

◆ 4.74 皇冠空中花园

2. 为不同人群选择不同区域的户外场所

医疗环境中有些病人和员工是需要被鼓励到户外进行休息和放松的，例如康复型的病人和长期处于高强度工作状态的手术医生，为他们提供临近餐厅或花园入口的位置作为户外空间，以方便他们使用。相反，有些病人被禁止使用户外空间，如重度传染病人。他们就应该安排在离花园比较远的位置。

此外，还应该考虑为医院的员工提供一处不轻易被病人看到的户外空间。大量医务人员表示，有时想摆脱处理病人的压力与紧张。另外，员工们放松的很多方式，如聊天、吃东西会影响病人健康，所以针对这一特点，我们应该为其设计一个私密性比较强的户外空间。图4.75为皇冠空中花园中各种半围合的私密空间。

◆ 4.75 皇冠空中花园中的半围合私密空间

3. 户外空间的安全性与可达性

在医疗护理机构，员工在室内对户外空间的监视很重要，这样有助于预防危机情况的发生。我们可以在户外活动的位置和尺度上入手，让部分需要监督和帮助的病人的户外活动可以随时发生在医务人员的监督范围。

通常户外空间应该易于进入，这样才能使使用者的数量最大化，路径应考虑大门的类型、位置等，方便室内人员随时出入。

医疗环境中感官环境设计

1. 色彩环境

医疗环境中的色彩设计非常重要，因为除了艺术审美功能外，良好的色彩设计还能缓解人们的压力和紧张情绪。另外特殊的医疗环境还可以通过色彩的设计避免医疗事故的发生，例如手术室的色彩设计。整体上来说医疗环境中的色彩分层需要根据楼层不同、科室不同，与标识系统相结合来进行设计。由于医疗空间的单元功能区域较多，空间组合较为复杂，应进行色彩的区域管理。在医疗空间总体色彩的构想下，每个医疗单元区域应确定相互联系又相互协调的主体色调，并且此色调的选择应符合患者和医务工作人员的需求。

为了活跃环境、缓解空间紧张气氛，在允许的范围内，我们可以使用一些色彩的改变或跳跃的色彩来丰富空间的视觉环境，以减轻人们的疲劳感。另外医疗环境中的色彩设计一定不能干扰医务工作人员的日常工作，不能由于色彩过度的变化影响医生对病患的治疗。图4.76为医院里颜色的应用。

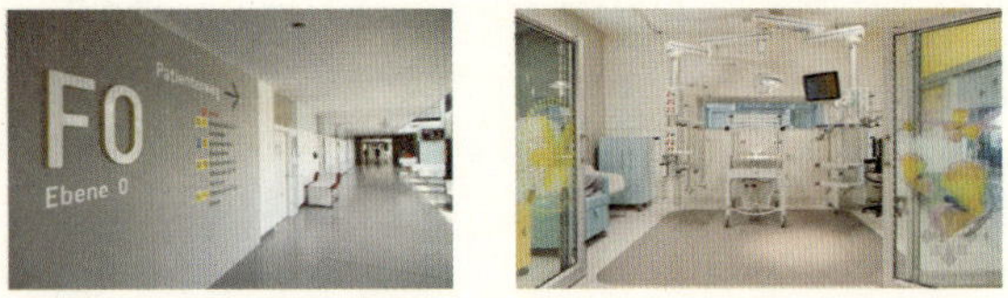

◆ 4.76 医院里颜色的应用

2. 光环境

照明是影响人对医疗环境空间看法的重要因素。光亮使我们能够执行视觉任务，帮助调节我们的生理节律，影响着我们的观念和情绪，调节影响人类健康和性能的神经化学物质和激素（血清素和褪黑激素）。在设计医疗空间的光环境时，设计人员必须考虑建筑物的朝向，这是因为投照到建筑物的阳光会随季节全天变化。医疗环境中我们要考虑增加自然光的总量，因为自然采光已被发现是提高医疗工作者对任务满意度的最佳光照方式。

为保证光环境的稳定性，我们也要对建筑室内外进行有效的人工照明。医疗环境中的人工照明应该根据使用功能的不同而有不同的设计，如医疗工作区，我们要保证医疗工作的良好进行；而对于病房，我们则要考虑到过强的照明会影响患者的休息。另外医疗环境中我们还要考虑多功能的照明环境，来满足不同活动形态对光环境的使用。我们既要有病人休息和日常起居时的光照模式，又要有医生对病人进行检查时所需要的工作模式。图4.77为医院室内照明设计图。

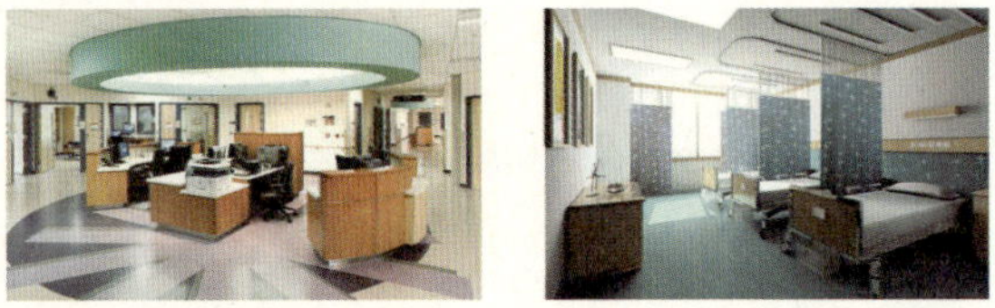

◆ 4.77 医院内的照明环境

3. 材料

医疗环境中所有实面应该耐用，特别是功能性的空间，如治疗室、手术室等。室内应避免有难清洁的缝隙和接头区域。有很多材料适合一种场所，在其他环境中可能就会引起危险，例如光滑材料，它利于清洁，但在很多环境下会有摔跤的危险。而摔倒在医疗环境中会存在很严重的风险，即使一个不光滑的地板也会导致病人的恐慌，如果这个病人有某种系统缺陷，摔跤的机率则会加大。特别是当材料与室内色彩相结合时，色彩会影响人对材料的判断。例如明亮的颜色对比较暗的背景就会产生三维空间，这样就会导致病人的迷失或者意识缺陷病人的摔倒。即使是最安全的设施，由于环境色彩与材料的混合也会产生风险，因此我们应关注材料与色彩的关系。图4.78为医院手术室设计。

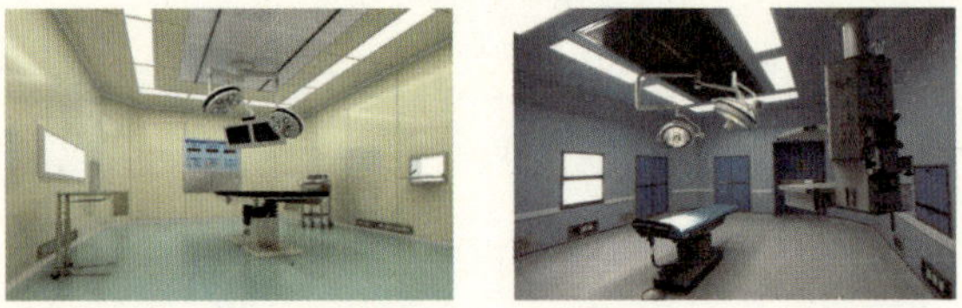

◆ 4.78 手术室结合多种新材料

4. 噪音

医疗环境是非常忙碌和吵闹的环境，设计有效的治疗环境时应该考虑到噪声问题，如医院环境中医疗人员持续的对话和活动；各种设备产生的噪音，如电话、复印机、心脏监控器等等；还有后勤人员的动作，例如清扫、维护，这些都是医疗环境的噪音来源。噪音会引起很多问题，会影响病人的治疗效果，加大病人和工作人员的焦虑与紧张感。世界医疗组织建议病房的噪音分贝是白天35晚上30，最高不超过40。在医疗环境设计中造成噪音的一个主要问题是大量的坚硬（粗糙）表面和直角，这些因素导致了噪音的折射和反射。但过多柔软的表面，例如地毯又会使微生物下沉（嵌入并积累在材料中），危害医疗环境。因此我们需要考虑多种因素对空间、材料的使用，例如软木作为地板，方便清洁又阻隔噪音。我们也可以通过设备或标示来减少噪音的产生。

5. 标识系统设计

我们可以把医院标识按级别进行分类，即大楼级、楼层级、科室级等，另外还有提示类、户外类等，标识的色彩应有强对比色和弱对比色两种，强对比色的标识牌用于病人和家属或不太熟悉医院的人员，方便他们从众多标识牌中迅速识别；弱对比色的标识牌用于医院内的医护人员和管理者，在视觉上更应与环境色调相似，尽量少地干扰主导标识牌的识别。标识的位置和数量，应根据人流和建筑自身特点，计算出患者需要的信息密度和合适的信息点，根据信息密度和信息点的位置设定标识牌的位置和面积大小。标识的形状也可与墙面的艺术造型图案有机结合，形成医院独特的风景。标识不一定是以悬挂、粘贴等方式固定在建筑物表面，它也可以游动存在于病人的身上，产生特殊的效果，我们称之为动态标识。例如挂在患者身上的标识，当患者走失，其他医护人员看到色彩和图案，就知道可能是哪一层哪个科的患者。图4.79是日本设计师原研哉设计的梅田医院视觉导视系统设计。

◆ 4.79 日本原研哉设计的梅田医院视觉导视系统设计

4.5 娱乐休闲环境

娱乐与休闲活动是人类生活的重要方面，它能让我们逃离日常生活和工作的紧张情绪。现今社会里人们的娱乐与休闲方式多样，根据不同的消费水平，从刺激性的极限运动到街边的闲聊，每个人都有自己独特的娱乐与休闲方式。但从普遍层面上来讲，现代城市内主要的休闲娱乐活动（室内）集中在酒店、购物中心与城市娱乐场所（如餐厅、酒吧、卡拉OK等等）；户外则包括了商业旅游景区、公园等等。在这里，我们将重点讨论城市室内娱乐休闲环境的设计。

目前城市娱乐休闲场所往往是多种休闲娱乐活动的综合环境，它可能是室内外相结合的场所，也可能是在同一个环境下包含所有娱乐活动的城市商业综合体（如万达广场）。但无论是独立的娱乐休闲场所还是商业综合体，根据其消费动机与行为，人们在娱乐与休闲活动环境中的喜好是有规律可循的。从图4.80年龄阶段、文化水平与娱乐场所活动偏好图中我们可以发现，不同年龄阶段、不同收入水平与不同的消费习惯形成了人们对不同休闲娱乐活动场所的偏好，最终影响休闲娱乐场所中不同的休闲娱乐消费过程与行为。这里将以酒店与购物中心为例，来为大家介绍环境心理学研究基础下的娱乐与休闲环境设计。

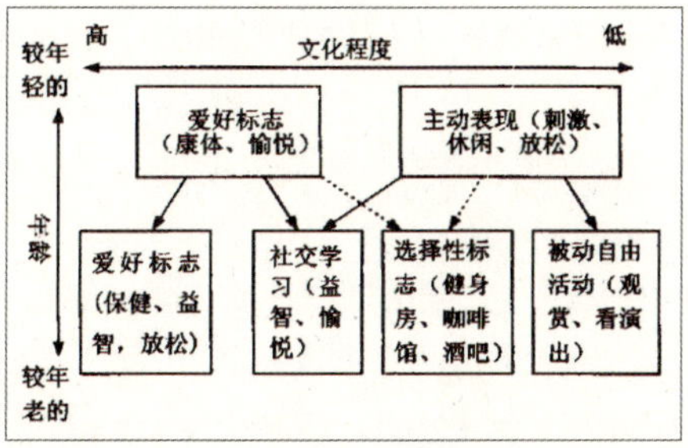

◆ 4.80 年龄阶段、文化水平与娱乐场所活动偏好

4.5.1 酒店环境设计

酒店行业是目前国内外娱乐环境的最大一部分。根据不同的消费目的与不同的所在环境，酒店被分成了多种类型。例如按消费水平，酒店被分为青年旅馆、经济性酒店、豪华型酒店等；按消费目的和行为的不同，酒店被分成商务型酒店、旅游度假型酒店等；按艺术氛围和生活方式，酒店又被分为精品酒店、主题酒店等。因此我们可以发现，根据消费者不同的消费夙愿，酒店的环境及功能有很大的不同。为了吸引并留住顾客，酒店环境设计必须创造积极的环境来关联游客的感受，并提供给顾客日常生活的所需，提供一种“家外之家”的感觉。此外，还要对特殊使用群体予以考虑，如老人、孩子、残疾与宠物等。

酒店顾客消费心理与行为

在酒店消费的顾客大多来自五湖四海，他们的消费目的不一样，直接影响其对酒店环境的需求与行为。从大多数消费者来看，目前对酒店环境消费的目的大致可以分为旅游、商务、探亲、购物、会议与学习等几种。由这些目的所引发的消费行为也不会一样，有观光型、娱乐消遣型、医疗保健型、短途旅游型等等。同时酒店消费者的行为还受到文化因素、社会因素、个人因素等方面的影响，会对酒店环境提出不同的要求。另外酒店消费者会以不同形式参与到酒店环境的使用中，有一个人的，还有以群体为单位的。

不论是哪种类型的消费者，对酒店环境的心理需求基本上可以归纳为以下几个方面：

1. 情感的归属

酒店环境中的情感是通过对环境的体验产生的。也就是说，对环境的体验，必然伴随着产生某种情感。因为酒店的使用者大多来自五湖四海，不论是出于什么目的，停留的时间都不长。大多数人希望能从酒店的居住环境中体验到“家外之家”的感受，如图4.81中的环境一样，酒店既要有家的温馨，又要有与家庭环境不一样的感受。除了有在家时温暖、安定的感觉，又要让消费者能体会到与自己家庭环境不一样的特色。比如长城脚下的公社，会有大量的城市居民来体验居住，除了它有现代建筑的造型外，更因为它提供给城市居民不一样的乡间雅居的感受。

◆ 4.81 温馨的酒店给人以舒适的感觉

2. 舒适性

休闲是对日常世俗生活的升华，人们希望在休闲中得到身心放松和精神满足，表现在外在需求上即是对环境有着比较高的舒适性要求。休闲的舒适性不等同于奢华和享受，并不以物质条件作为唯一的评价标准，这里的舒适性讲究的是完成个人自我实现的可能性和便利性。一般而言，休闲的舒适性在微气候、日照、噪音、污染、视觉干扰等方面，都有一些可以量化的评价标准，体现在小气候环境的创造上，如北方城市要求争取保暖、日照，南方的城市则力求通风、避雨。

3. 个人性

人们对酒店环境的选择是根据个人的文化背景、品位和情趣来进行的。这种选择一方面是对环境舒适性的追求，另一方面是对个性化人格特征及生活方式的追求。主体的体验总是因人而异的，对同样的事物，不同的人总会形成不同的体验。在现代工业化环境下生活惯了的人，当换到一种居住环境下时，更会追求其“差异”与“区别”所带来的不同的个性化环境感受。例如图4.82与图4.83是日本著名的“骑行人酒店”，酒店专门为骑车旅行的群体而设计。

◆ 4.82 日本骑行人酒店

◆ 4.83 骑行人酒店细节

4. 静默性

酒店环境中的静默性是指人的一种对内心安宁的追求，在这种状态下，居住者除了特定的行为（如商务活动），他们并不需要刻意地参与某种活动，也不需要在某个社群之中。在这种状态下，人们的身心从原来的生活环境中解脱出来，得到彻底的放松。为了满足休闲者对于静默性的需求，休闲型的酒店内通常会布置相应的静默空间，让休闲者既要有相处的快乐，也要有独处的格调。提供休闲者一个私密的活动空间，在这里可以不受干扰，享受天伦之乐、亲近大自然、自由自在、无拘无束，同时又能享受群体之间的相互依存。

5. 人文性

追求人性的关怀和文化的满足感也是休闲行为的一种重要心理。休闲区别于普通的休息，表现为对精神的不同追求，是一种更高层次的追求。一方面，消费者在酒店环境中通过与环境和人的互动交流，得到人与人之间的关怀。另一方面，人们还希望通过不同地点的转换，对不同地域的文化与风土人情有所了解，丰富原有生活的单调与乏味。

6. 安全性

安全性是人对环境的基本需求之一，人只有在安宁舒适的环境下才会产生休闲的欲望，同时人会下意识地规避那些看起来有威胁的地方。安全性心理引申到活动中表现为人在公共交往中都有个人的安全尺度，也称心理空间。这是一个虚空间，却真实存在着，如商务酒店中，人们之间的安全性心理尺度可能会大于休闲型酒店。因此，我们需要根据酒店的不同类型来把握安全性指标，拿捏好开放与私密的尺度与关系。

7. 趣味性

环境中的趣味和交往中的趣味是休闲的重要心理。离开家庭环境的人们总是希望通过环境的变化来让自己的生活更加有意思。在具有一定趣味性的环境中，人们可以体验到不同于一般生活的美的享受，这种美的体验有视觉上的也有心理上的。空间的趣味体现在别具匠心的空间设计和充满关怀的细节设计上，趣味就像是空间的调味品，使休闲变得多姿多彩。图4.84是郑州艾美酒店，设计以潘多拉的盒子为主题，酒店大堂的中心区域坐立着一尊“行李”造型的雕塑，作为行游天下的象征，室内用月季花环绕呈现的视觉盛宴，让人在抵达酒店的那一刻便进入一个令人愉悦的感官世界。

◆ 4.84“潘多拉的盒子”郑州艾美酒店设计大堂及室内

酒店环境设计

1. 酒店空间环境设计原则

现代的酒店空间环境一般采用的是全方位、整体化的设计，除了形式美，设计师更要深入了解酒店的定位及开发目的，根据不同的需求来进行环境设计。作为目前多元化的消费需求，酒店空间除满足吃、住、购物、休闲、娱乐、社交等多种功能外，更重要的是准确、体贴地满足消费者的需求，实现细化的分工服务。所谓分工明细化是针对不同的消费群体，做“人性化”的设计。

（1）制造适宜人体的空间尺度和空间环境，将一些建筑物理条件如冷热、明暗、闹静、大小、高低等控制在舒适的范围内，空间设计应该以亲切怡人、促进交往为导向，制造符合形式美学的建筑空间。均衡的、明快的、前进的、完整的空间感受会给人积极的心理引导，促发积极的探索行为和休闲行为。把握建筑的节奏、韵律、色彩、比例来创造符合人审美心理的建筑空间是一种普遍的建筑设计原则。

（2）制造符合人文心理需求的空间，提供文化体验和认同感。酒店环境设计的目的之一是提供舒适与休闲体验的环境，使人的心理获得满足。除了消除疲劳感外，人们还希望通过环境获得精神上的收获，这其中文化的认同感和人性的关怀是重要的评价标准。现在的很多酒店在设计时都不约而同地将地域特色、生活方式、艺术审美等特性融入到酒店环境的设计中，使酒店环境具有了很强的人文气息。图6.85是深圳雅兰酒店，室内通过通过简约、纯粹的空间营造出置身自然之美的惬意，令客人得到放松、愉悦的难忘体验。

（3）制造可以自由参与的空间，发挥人的创造力和主动性。人们在日常生活和工作中积累了很多压力，追求自由和梦想一直是人们的理想，这是休闲、娱乐的隐性需求之一。人的这种需求是潜藏在人的成长过程中的，与人的生活经历息息相关，因此酒店环境在设计时应该考虑到不同人的成长需求，尽可能地创造可以自由发挥的空间，释放压力，帮助人们完成自我价值的实现。

◆ 4.85 深圳雅兰酒店

（4）重视边界空间，考虑作息空间设计。除去个人独处的时间，人在公共环境下会促发随机交流的行为，这些交流是休闲的内在需求，另外人在休息时会主动寻找场所的边界和一些袋型小空间。因此在公共空间设计时，要有意识地在场地的边界设计一些内向型的半开敞空间，从人的交往需求角度设计休息场所，使人既能得到休息又能在不经意间促成交流。

（5）重视细节和小空间的营造。以人为本要求关怀到人需要的每一个细节，除了上述空间设计的导则外，室内环境细节也是重要的人性化表现。图4.86是雅兰酒店的其他房间，室内也延续了酒店自然、舒适的主调。没有过度的装饰，用简洁的线条营造出轻松自在的休息氛围。木元素与莹白的墙面相搭配，阳光通过通透的落地窗洒落屋中，充足的照明让光影的变化成为了屋中的另一道风景。

◆ 4.86 雅兰酒店其他室内空间

2. 色彩环境

酒店的色彩环境设计应该结合设计定位及设计风格来整体创造，但视觉舒适性是酒店色彩环境设计的原则。总体上来说酒店环境中的色彩搭配首先应该根据酒店的类型来决定。如图4.87，商务型的酒店中简约、和谐的暖色调会更适合有商务工作需求的人，温馨的暖色调可以减轻工作的疲劳与压力，又不至于由于过度的色彩对比干扰视觉。其次酒店的色彩搭配应该根据设计主题来搭配，如图6.88，儿童主题酒店的色彩应该选择符合儿童心理的色彩及图案，以满足儿童对环境的需求。最后酒店的色彩应该符合地域特征，让室内环境设计与环境融为一体，如热带海滨度假酒店与民族特色酒店。

◆ 4.87
商务酒店

◆ 4.88
儿童酒店

3. 光环境

酒店室内空间的类型大多是封闭的，接收到的自然光比较少，室内光环境主要以人工照明为主。酒店空间的功能较多，空间类型复杂，形式多样，不同功能区域又有不同的照明要求，因此没有固定的模式。根据酒店室内照明目的的不同大致可分为两类:（1）室内功能照明，以满足视觉工作要求为主的室内照明、满足人工作时的视觉要求为主；（2）室内环境照明，以周围环境为照明对象，并以舒适感为主要照明目的，满足人的视觉对环境照明的需求。一般情况下，酒店室内照明以功能性照明为主；环境照明既可以为表现某种空间及材质而存在，属于从属地位，也可以是空间环境艺术营造的一个主要元素。对于不同目的的照明，设计的要求有所不同。由于酒店空间环境艺术的表现也是为了让使用者有良好的视觉环境，从本质上来讲，酒店的环境照明需求是来源于空间使用者。如何使照明环境与室内环境设计相协调是保证良好视觉效果的关键。

酒店的使用者包括顾客与酒店服务人员，如何让使用者有满意的视觉效果与视觉工作环境是酒店照明设计必须考虑的问题。图4.89为酒店室内光环境设计图。

◆ 4.89 酒店客房光环境

4. 声环境

酒店作为旅客逗留、住宿和休闲的场所，必须能够提供优美安静的居住环境。一个富丽堂皇但嘈杂不堪的酒店，不仅会影响旅客休息，也将大大降低酒店品位和档次。酒店的室内声环境的研究对象包括噪声控制和室内音质设计两个方面。室内音质设计的优劣不仅取决于客观的声源（包括自然声和电声），也取决于室内装饰对声波吸收和反射最后形成的声场。酒店环境中的噪声有三种主要来源：(1)交通噪声：主要指的是机动车辆等交通工具在运行时发出的噪声。这些噪声的噪声源是流动的，干扰范围大。城市内的商务型酒店多在市中心交通便利的繁华商业地带，因此室内的声环境难免会受到室外交通噪音的影响。(2)工业噪声：酒店室内环境中的噪音主要来自机器和高速运转的设备，如收录机、电视机、洗衣机等各种电气设备的嘈杂声。(3)生活噪声：主要指人们在社会活动中产生的喧闹声，如人的说话声、鞋跟撞击地板声等。

酒店空间中除客房外，对室内声环境要求较高的场所，如宴会厅、会议室、多功能厅等大型的空间，除了要减少噪声，更重要的是对厅堂的体量以及室内的装饰材料的设计，根据室内声学的研究室内声波传输的物理条件和声学处理方法，以保证室内具有良好的听闻条件。环境中既要研究增强声音传播途径中有效的声反射，使声音能在建筑空间内均匀分布和扩散，以保证每一个受声处都有适当的响度，还要注意合理布置各种吸声材料和吸声结构，以控制适宜的混响时间和频率特性，防止回声和声能集中等现象。现代电声技术的发展可以补偿室内建筑设计的不足，营造出适合不同用途的声场氛围。电声系统可以增强自然声和提高直达声的均匀程度，还可通过控制系统实现人工延迟、人工混响等以提高音质效果，提高自然声在会议室、多功能厅等大空间的使用效果。

5. 热环境与空气质量环境

现代酒店空间多数是密闭的空气环境，通过各种类型的空气系统进行人为调控。影响酒店热环境的因素不仅包括室内温度的高低，还包括局部空间的空气温度、湿度、气流速应和热辐射等，因此在设计之前有必要对湿热环境作研究。另外人体对热环境的感觉还与感觉主体的情况密切相关，具体包括人的种族、性别、年龄、情绪、活动情况、衣着情况等多种因素。这些因素的变化影响人体以辐射、对流、汗液蒸发三种方式向环境散热的数量，引起人的热（冷）感觉。热环境变化超过人的热舒适限度时，小则影响工作效率，大则影响人的健康。

酒店通过机械的方式送入室外新风和排出室内的废气来维持室内的空气质量。我国民用建筑中最小的新风量中关于旅店客房中的最小新风量为30m^3/（h.人）。

4.5.2 购物中心环境设计

随着社会生活水平的不断提高，购物已不只是满足人们基础生活需求的行为，除了购买日常生活用品，现代复合型购物环境已经将餐饮、娱乐、健身、服务等多种功能融入到购物空间中，让购物中心成为我们休闲与消遣活动的重要场所，同时让购物活动变得更丰富、更让人心情愉悦。

购物者的行为分析

购物者出于一定的目的而进行的商品交换和货币交换，我们称之为消费行为。来自美国的城市规划专家凯文·林奇（Kevin Lynch）通过观察和研究发现：一部分购物者进入购物环境时具有明确的目的性，但绝大多数购物者进入购物空间实际上是并没有目的的，消费过程中的行为相当不确定。研究还发现，其实人们来到商业空间后，伴随着休憩、餐饮、娱乐等各类活动，受特殊的商业环境氛围的影响，无论是有目的还是无目的都会做出随机的购买决定。

1. 购买时间

购物者的消费时间会受消费地区、季节变化、商品性质以及购物者自身空闲时间等众多因素的影响。一般城市购物者外出消费多集中在周末和节假日，农村购物者日常消费较少，主要消费多集中于集市日；季节性消费往往会略微提前于自然季节的到来；考虑购物者自身因素，购物者一天中消费时间多集中在上午9:00-11:00，下午18:00-20:00 两个时间段，因此商业建筑的交通与内部流线需要结合忙闲时间段进行设计。

2. 购买地点

在影响购买地点的诸多因素中，最主要的影响因素是购物者购买的商品种类。

由此我们可以将购买地点划分为以下三大类：

（1）日常消耗品，此类商品仅是单一功能要求，对品质要求并不高，购物者对这类商品希望尽可能减少购物花费的时间，因此销售这种商品的商店多以超市或便利店为主，选址尽量接近购物者的居住地。

（2）高品质耐用品，这类商品主要以规模较大的商场、购物中心等为主，除了功能要求外，更重视其质量要求。

（3）时尚奢侈品，这类商品的购买地点一般会设于城市商业中心繁华地段的品牌专卖店，购物者在购物的同时可以获取与该商品有关的更多时尚信息。

购物者的心理分析

购物者的自我需求一向是刺激商业购物空间不断发展的内在动力。对设计者来说，在设计购物空间的内容和形式时，应当把购物者不同类型的需求放在重点考虑范围内。这里所讲的需求主要包括购物者的生理和心理需求。

1. 价值观

在面对物质生产丰富、物质条件发达的社会，购物者对自己所需的商品也有非常大的选择余地，所以购物者对商品的质量、品质要求日益增高。因此购物者消费目的的改变正在引导着商业购物空间也随之进行调整，尤其是互联网商业时代的到来，如今消费模式在逐渐地发生着变化：以往的仅仅满足日常生活需求的固定型消费模式在不断地变为情感型消费模式。商业购物空间与之前传统型单一的“销售——消费”关系的商店相比囊括了更多的信息交流、文化展览等相关的综合空间。图4.90中的香水气味图书馆就是以情感消费模式为指导的室内设计的典型。

◆ 4.90 气味图书馆——香水、香薰店（情感型消费）

2. 心理需求

营造一种亲切舒适的购物空间环境，可以提高购物者对环境的好印象，更能激发购物者心中的购物欲望。在心理学原理指导下可知，消费欲望主要取决于外部信息给大脑带来的刺激，而消费行为取决于商品和空间环境是否让人流连忘返，是否让人终身难忘，是否让人蠢蠢欲动。总之，取决于对购物者的吸引程度以及让购物者购买的欲望。

近年来商业生活中的购物行为已经不单单是单纯的商品——货币交换的行为模式，而是通过购物实现生活娱乐、互动交流与自我满足的体验型模式。购物者进入商业活动空间之后所进行的活动并不只是购物，伴随的还有一系列在餐厅、电影院、茶座等场所的另一种消费休闲活动，这类活动尽管不属于商业活动的主要内容，也不能替代购物消费，但是它们是营造整个商业空间的活跃氛围、辅助购物消费的重要内容。把握购物者这种青睐体验式购物的消费模式，是目前商业购物空间设计的发展趋势和研究方向。如图4.91，这样环境优美的大型购物场所已成为目前主要的商业消费目的地。

◆ 4.91
路易·威登服装专卖店设计效果

3. 消费动机

购物者为了满足自己的某些需要，从而产生的消费行为的意念，我们称之为消费动机。我们可以把购物者的购买动机大致分为三种：第一种为确定购物型，这类顾客是抱着购物愿望而来，他们有明确的消费目的，所以购物路线往往比较清晰。第二种为计划购物型，他们有购物意向但没有明确的目标，对商品持有观察的态度。第三种为冲动购物型，他们在进入商业空间之前没有明确的购物目标，而商业购物空间环境可以为他们提供丰富的信息和服务，增大他们产生购物欲望的几率。

购物者的行为与心理对购物环境的影响

消费者不同的购买目的、心理需求、年龄、性别对购物环境的需求是不一样的，以表4.4为例，我们可以发现不同年龄的购物者对购物环境的要求是不一样的。

表4.4 不同年龄购物者的心理对购物空间的影响

消费群体	群体特征	购物心理、行为特征	商店风格
少年儿童	1-14岁的未成年人，一般由父母养育和监护，自我意识尚未完全成熟，没有独立的经济能力	a.购买商品具有依赖性； b.选购商品具有较强的好奇心； c.购买自主性不强	注重对色彩的表现力是处理商店环境的重点。具有故事性、参与性和游戏性强的环境更受孩子们的欢迎
青年	15~35岁之间的人，其主要特点使人数众多，具有独立的购买能力和较大的购买潜力	a.追求时尚； b.突出个性	通过新奇感和运动感、出其不意的环境氛围来吸引年轻消费群体
中年	35岁至退休年龄阶段的人，具有人数众多、负担重、多处于购买商品的决策者位置等特点	a.比较理智； b.很有计划性； c.性格稳重，创新性小	内敛、相对含蓄的风格比较能迎合中年购物者的喜好。以柔和、庄重的色彩营造出典雅的风格、稳重的气氛
老年	60岁以上的人，消费意识比较保守	a.怀旧心理强烈，品牌忠诚度高； b.注重实际，追求方便实用； c.补偿性消费特征	怀旧的、温馨的室内气氛，以及明亮的高照度的店堂形象使他们的喜好

表4.5显示不同性别的购物者对购物空间的需求也不一样。因此优秀的商业购物空间设计应该能够满足顾客不同的行为方式和心理需求。

表4.5 不同性别购物者的心理对购物空间的影响

消费群体	群体特征	购物心理、行为特征	商店风格
女性	是整个社会生活消费品购买的最重要的主体，并且使潜在购买力很强的消费者	a.把购物、逛街作为一种生活乐趣； b.爱美心理 c.情感性心理 d.炫耀心理	商品的展示必须有强烈的感染力。同时，鲜亮而女性化的色彩以及柔和的形态，更能迎合女性的品位
男性	购物力求方便，故购买商品比较果断	a.独立性较强，一般不受外界购买行为的影响； b.挑选商品迅速，购买决策快； c.购买行为有自尊心	针对男性顾客的专卖店的购物环境，一般都比较稳重、明亮，体现男生的地位和尊严，以及体现商品的品质

顾客可以通过视觉系统观察室内空间的体量、尺度、比例、色彩、材料等，从而综合了解和判断周围环境和空间关系的心理过程，激发顾客的购物动机。一个商业建筑能否通过自己购物空间的活力和激情吸引购物者产生兴趣并逗留，从而激发他们参与购物活动，是衡量这个商业空间好坏与否的标准之一。

购物环境设计

1．空间设计

对于商业购物空间，它的重点研究对象即是消费者，以体现多内涵形态、符合多主体需求。购物空间的设计不是单单考虑面积、体积和功能，而更要考虑如何回归到事物本身——购物者商业活动的具体内容。一个好的购物空间环境设计应当可以使购物者不仅享受于购物的过程，更能领悟到自身存在于这个环境的意义与归属感。

如果用理性的方式表达，商业购物空间的环境应具有以下特征：

（1）层次性，换句话说就是指购物空间内部组织中的秩序感，它通过空间的排列和过渡的关系来确定层次，进而形成空间序列，也可以指购物者心理对待一种空间性质的感受，如通过柜台的摆放、流线的组织等来确定层次。进行购物空间设计时，利用空间序列层次的深化来进行消费行为的诱导、疲倦感的减轻和环境的变化，是非常有意义的研究，如图4.92。

◆ 4.92购物空间的层次性

（2）信息性，是指购物者在商业空间内所能接收到的有用的信息。购物空间的信息性包括了空间的排列和组织变化所展示出的场所导向性特征、广告指示牌、营销内容等各类信息，它们共同起着引导购物者进行消费的作用。如图4.93与图4.94。

◆ 4.93
商场内部导视系统

◆ 4.94
H&M店

（3）领域性，购物者在进行购物、休憩或交往等行为的过程中，有时会希望暂时拥有属于自身的活动领域，在一定范围内与他人区分开。如图4.95这样一种对空间占有的心理感觉，也将指导购物空间设计上对空间区域的划分。

◆ 4.95 商场里的休憩座椅

（4）可辨识度，这里所指的空间辨识度，是表示购物者对商业购物环境的空间关系、建筑结构等要素的理解力和可识别性。简单地说它有两点要求：一是商业购物空间的形式或组成元素应有自身特色，如图4.96；二是空间交通流线应方便购物者定位，也就是说购物空间的环境设计要满足购物者对所处空间的控制感与安全感。

◆ 4.96 商场室内效果图

2. 色彩设计

在购物环境中恰当运用色彩的灰度、明度、彩度等特性，使各个颜色协调统一地反射入购物者的视线中，不仅可以突出重点商品的展示，还可以控制购物者的情绪。不同的色彩给购物者带来的感受也各不相同，在购物空间氛围的营造中，色彩的基调是由空间主题而确定的。大多数商业购物空间往往使用明度偏高的中性色彩作为背景色，在整体基调的把握中保持“从明弃暗、从简弃繁、从淡弃浓”三原则。大面积的高明度高彩度色彩非常难以协调，而且容易形成视觉疲劳，难以与商品搭配且容易使购物者寻找不到视觉重心，所以在设计中选择色彩要慎重。当然，一些另类、个性主题的购物空间为形成视觉上的刺激，也可考虑彩度高的色彩搭配。 再者，选定背景色彩基调之后还需考虑进行其他点缀色彩的调和。此时就可运用色彩构成中的理论做指导，营造丰富的购物空间效果。如图4.97室内用主题色引领空间。

◆ 4.97 用主题色引领空间

3. 光环境

利用光与色二者结合可以给购物空间带来更加丰富的姿态。通过对光的控制，可以营造空间、联通空间，在购物空间的实际设计中，一般会通过自然采光和人工打光两种方式对购物空间进行新的定义。利用自然采光是一种方便有效的营造空间氛围的方法。当今人们在科技发达的世界中越来越渴望大自然，所以如图4.98，把阳光引入购物空间是一种贴近购物者心理，的手法，使购物者充分享受购物空间带来的轻松舒适感。 而人工采光能给购物者带来的心理感受更是丰富多样，营造出的商业购物环境也更别致独特，如图4.99。设计师可以根据目标购物空间的性质、特色和品质来决定所需的照明设计手法，表4.6是空间品质与光线运用关系的表格，从中我们可以发现，针对不同空间品质的需求，我们可以有不同的照明设计策略。

◆ 4.98
将阳光引入室内

◆ 4.99
人工采光与室外采光相结合

表4.6 空间品质和光线运用关系

空间品质	店铺类型	照明目的	照明策略
低端品质	小型折扣店特色食品店等	简单要求将所有的物品都均匀照亮，需要提供足够的亮度以供选择商品，营造整体明亮、干净的光环境	使用简单普通的灯具为商业空间带来“实惠”的感觉
中端品质	服装店，美容店、小型家具店等	提供亮度足够且均匀的照明供顾客选择商品，使用适量的重点照明来区分不同商品或者营造高亮的区域以体现商品质感以及强调橱窗	使用嵌入式并带有格栅或挡板的灯具来营造柔和且有方向性的灯光
高端品质	奢侈品商店，例如珠宝店精品店、高级成衣店	照明的目的不单是照明本身，还需要打造品牌形象，突出重点，提升商品的颜色质感或光泽度	照明策略往往大相径庭，有时可以适当降低环境照明的照度水平来凸现重点照明，有时又使用远超一般情况的照度来满足整个空间和商品的需求。同时，结合店铺设计风格和品牌特色，应用特别的装饰性灯具，能够为顾客提供视觉焦点，提高兴趣

4. 材质

把握材料的特性是借材料营造空间气氛的关键。灵活运用材料的质感来构筑空间，不同的材料材质拥有自身独有的表现力。材料和色彩也是密不可分的，材料承载色彩，色彩衬托材质，设计师在选择材料的同时也应考虑色彩的搭配。例如图4.100和图4.101中Carhartt Ibiza木板风尚男装服饰专卖店室内，主材质选了可循环使用的木材，同时结合金属和蓝黑色的架子组成了室内特殊的艺术效果。

◆ 4.100 Carhartt Ibiza木板风尚男装服饰专卖店

◆ 4.101 Carhartt Ibiza木板风尚男装服饰专卖店

5. 空气质量、温度环境控制

保证良好的空气质量以及适宜的温度要注意三点：一是控制空间内粉尘量，因购物空间环境相对封闭，来往人群多，粉尘成分也会比较复杂，设计时要注意装饰材料起尘的可能性和送风口的卫生；二是保证空间内的通风效果，需将人群流量考虑进通风设计中，并合理安排通风口的位置。要最大限度地创造自然通风的条件，这是一种节能低碳又健康的通风方式，除了建筑构造上的要求，在购物空间室内可通过设置隔断的手法控制自然通风的方向和速度；三是设计中要通过采用遮阳、空调、保温和隔热等措施来确保购物空间内适宜的温度。

6. 听觉环境控制

合理控制噪声和保证正常声音的清晰度，是在购物空间中对听觉环境控制的两个要点。根据我国商业购物内部空间的声环境情况表4.7不难看出，购物者聚集的地方噪声强度已经高于国家对“安静环境”所定的 35~40 分贝这个标准，所以长时间待在这样的购物空间内容易使人产生焦躁不安的情绪，进而降低购物者购物行为的发生。

表4.7 我国商业购物内部空间的声环境情况表

测点位置 / 噪声强度	入口	通道	营业厅	室外	辅助房间
波动值	69~74	71~75	68~75.8	61~67	50~70
平均值	72	73	71	65	60

7. 嗅觉环境控制

购物者是一个人员复杂的群体，在商业购物这个近乎封闭的空间内，容易产生令人不快的异味，从而降低嗅觉环境的舒适标准，轻则破坏购物者的消费情绪，重则损伤购物者身体健康，影响神经系统功能。设计师可以通过自然手法利用植物实现清新空气，也可以通过物理化学手法进行竹炭除味等。通过分析可以知道，需要采用各种技术措施综合控制空间环境的舒适度，才能营造一个为购物者行为提供方便的健康商业购物空间。

调查目标

1. 如果要设计一个三代同堂的住房，你会搜集哪些方面的信息？又会如何开展你的设计？

2. 比较你身边的两种不同类型的游戏场所。描述二者的环境，包括积极和消极设计。你认为应该如何改变或增加设计，使环境符合儿童的认知发展水平。

3. 基于本章内容，小学生和初中生的教室环境有哪些区别？你会设计怎样一个环境，以便到达让小学生放松的目的？

4. 例举开放式办公设计的优缺点。

5. 观察学校宿舍楼中人们的活动情况。这些活动中，有哪些活动与在私人空间中的活动是相似的？

6. 实地勘察当地的某一大型酒店，并进入客房区域。画出至少三个楼层的电梯的走廊景观。如果有的话，是用什么方法来区分楼层的？这对你这个临时访客有什么影响？有哪些方面的设计可以让你有想走近和进一步探索的想法？

参考文献

常怀生. (2003). 环境心理学与室内设计. 北京：中国建筑工业出版社.

陈红, 李海峰. (2014). 环境心理学内涵的演变：从人与环境相互作用到生态保护可持续发展. 南京林业大学学报, 2, 22~29.

崔巍. (2009). 基于视觉心理理论的现代家居室内环境设计和谐性研究. (硕士学位论文). 东北林业大学.

戴蓉佚. (2007). 设计心理学研究方法与应用. 艺术与设计, 11, 13~15.

韩光明, 王兴中. (2006). 国外对零售业及其附生一衍生的营业性娱乐场所的空间关系研究. 人文地理, 21(4), 13~19.

贺冠男. (2012). 基于行为心理的酒店接待空间设计探讨. (硕士学位论文). 大连理工大学.

胡胜波. (2013). 残疾人康复中心室内环境设计研究.(硕士学位论文). 重庆大学.

姜少凯, 梁进龙. (2014). 环境心理学的学科发展与研究现状. 心理技术与应用, 1, 7~10.

李颜. (2014). 基于环境行为与心理分析的购物中心空间模式设计研究.(硕士学位论文). 华南理工大学.

李郁葱, 赫尔曼 · 纽科尔曼. (2012). 环境心理学在"医院建筑人性化"中的过去和未来. 城市建筑, 5, 24~27.

梁颖仪, 刘管平. (2006). 环境心理学与校园绿化设计. 广东园林, 28(6), 16~18.

林玉莲, 胡正凡. (2006). 环境心理学（第二版）. 北京：中国建筑工业出版社.

柳沙. (2013). 设计心理学. 上海：上海人民美术出版社.

柳沙. (2003). 设计心理学的从众现象与行为研究. 装饰, 4, 8.

刘樾. (2013). 基于当代游戏精神的幼儿园室内设计研究. (硕士学位论文)西南交通大学.

马砚. (2008). 现代医院建筑"高明度"室内空间特性设计研究. 新西部, 22, 138~139.

欧潮海, 雷桥. (2007). 环境心理学与现代办公室内设计. 室内设计, 3, 18~20.

裴奕. (2010). 休闲酒店空间设计研究.(硕士学位论文). 华中科技大学.

任强, 唐启明. (2014). 中国老年人的居住安排与情感健康研究. 中国人口科学, 4, 82~91.

孙示文. (2012). 室内公共空间中儿童游戏空间设计的探究. (硕士学位论文). 东北师范大学.

孙湘明. (2009). 设计艺术的心理学研究一《设计心理学》一书赏评. 陶瓷科学与艺术, 2, 70.

谭明洋. (2013). 从环境心理学论当代居住区环境设计. (硕士学位论文) 西安美术学院.

汤静. (2010). 儿童户外游戏场地的优化设计研究. (硕士学位论文) 浙江农林大学.

吴建平, 訾非, 李明. (2011). 环境与人类心理：首届中国环境与生态心理学大会论文集. 北京：中央编译出版社.

徐波, 卢晓萌. (2010). 环境心理学在住宅室内环境中的应用. 家具与室内装饰, 9, 94~95.

徐磊青, 杨公侠. (2002). 环境心理学. 上海：同济大学出版社.

杨家芳. (2009). 设计心理学的方向与拓展. 科技风, 9, 65.

张开军. (2012). 幼儿行为心理与幼儿园室内设计研究. (硕士学位论文). 南昌大学.

张丽娟, 赵立英, 阚飙. (2002). 医院文化与医疗环境：适应医疗保健行业新的市场需求一创建优良的医疗环境. 国外医学(医院管理分册), 1, 27~29.

张维. (2010). 购物中心的人性化设计研究分析. (硕士学位论文). 南京林业大学.

张伟林. (2012). 基于环境心理学的老年人室内环境设计研究. (硕士学位论文). 中南林业科技大学.

赵理. (2012). 现代购物中心的功能复合化设计研究. (硕士学位论文). 湖南大学.

周敏, 宋晓青, 杨勇. (2012). 环境心理学在大学校园环境设计中的应用. 安徽农业科学, 40(5), 2822~2823.

朱建军, 吴建平等译. (2009). 环境心理学（第五版）. 北京：中国人民大学出版社.

后记

《设计心理学》是一门边缘性学科，它结合心理学与设计学的知识，为现代设计实践做支撑。同时，它又是近几年逐步被人普遍关注并发展起来的一门学科。过去的环境艺术设计，人们大多凭借建筑设计、景观设计、艺术设计等学科知识的综合与实践经验的积累，对整个学科知识体系的建设加以不断完善。但发展到今天，在日趋成熟的现代化、科技化、数字化设计方法的介入下，我们发现，现代设计已经以一种更为理性、量化的趋势呈现在大家面前。

在从事环境艺术设计教育工作这么多年的时间里，我们越来越感受到环境艺术设计中对设计依据的寻求，已不再只是简单的对艺术风格、造型，艺术感受的斟酌。设计师们在不断的以一种更理性、合理和客观的方式来处理我们的设计，让设计更符合每个群体或个人的需求，更贴近我们生活的实际。于是越来越多的设计专业在开设设计心理学这么课程，人们希望通过对使用者心理的研究来探讨行为背后原因，以及行为最终怎么与设计发生关联的原因。这也是我们编写这本书的初衷。这本书与其说是一本教材，不如更好的说它是一本环境艺术设计心理学知识的普及性读物。因为在教材中我们不仅介绍了与环境设计心理学相关的基础理论知识，更从人的层面上分析不同人群及不同环境中对设计心理学的要求。此外，教材中除了基础理论陈述，书中更多地用量化和表格的形式将相关分析数据呈现出来，这将是未来设计理论研究中一种趋势。同时为缓解枯燥，教材中配置了大量的图片与案例，将知识点以更为视觉化的方式呈现给大家，让大家更容易以简单的方式理解并接受书中枯燥的理论。

最后，感谢杨智宇、张照、夏丽蓉、李彦儒、肖潇在搜集学科前沿资料时所做的工作，感谢杨智宇和张照在最后协助统稿时的辛勤付出。对此本教材编写提供过帮助的老师和学生们，在此一并致以诚挚的感谢。

编者

2015年6月 北京